# Belgien fürs Handgepäck

# Belgien
## *fürs Handgepäck*

Herausgegeben von Françoise Hauser

Übersetzungen von Gerd Busse, Helmut Kossodo
und Johannes Piron

Unionsverlag
Zürich

*Im Internet*
Aktuelle Informationen,
Dokumente, Materialien
*www.unionsverlag.com*

Unionsverlag Taschenbuch 511
© by Unionsverlag 2011
Rieterstrasse 18, CH-8027 Zürich
Telefon 0041-44-283 20 00, Fax 0041-44-283 20 01
mail@unionsverlag.ch
Alle Rechte vorbehalten
Reihengestaltung: Heinz Unternährer
Umschlaggestaltung: Peter Löffelholz
Umschlagfoto: Frantisek Chmura
Druck und Bindung: CPI – Clausen & Bosse, Leck
ISBN 978-3-293-20511-6

# Inhalt

# Warum ich hier wohne

*Dietmar Sous*

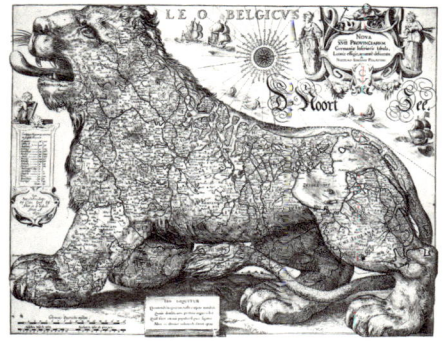

Die Hauptstadt von Belgien heißt Brüssel. Samstags keine Post, dafür frische Brötchen sonntags. Die Belgier sind noch viel schlechtere Autofahrer als die Holländer, also Vorsicht. Belgier ernähren sich von Fritten, Weißbrot und Schokolade, kein Wunder, dass sie die schlechtesten Zähne innerhalb der Europäischen Union haben. Belgier kennen kein Schwarzbrot, deshalb hatten ihre Soldaten zu keiner Zeit richtigen Mumm in den Knochen. Das Manneken Pis muss man gesehen haben, Brügge und vielleicht den Lütticher Flohmarkt, allerdings muss man beide Augen zudrücken, denn dort ist alles sehr heruntergekommen. Die Belgier leisten sich eine Monarchie, obwohl sie kein Geld haben. Sie können nicht mal eigene Autos bauen, ihre Straßen erinnern jeden Deutschen an den Balkan. Belgier haben die Arbeit nicht erfunden, möglicherweise aber den Rost. Ausgerechnet am Sonntag putzen sie ihren Wagen, mähen den Rasen und hängen Wäsche an die Leine. Belgische Häuser sind schon beim Richtfest baufällig. Belgierinnen haben Lockenwickler auf dem Kopf, eine Zigarette im Mund und dicke Beine, ihre Männer sind meist dünn und haben Husten von den starken belgischen Zigaretten. Belgisches Bier kann ein Deutscher einfach nicht trinken – allein der Gedanke, dass es

in Belgien keine deutschen Braugesetze gibt, bereitet Kopf-
schmerzen. Belgier sprechen schlecht Deutsch, das gilt auch
für die deutschsprachigen Belgier in Eupen und St. Vith. Auch
Flamen und Wallonen verstehen sich nicht gut. Belgier sind
gegen Naturschutz; sie fangen Singvögel ein und essen sie auf,
dazu trinken sie schwarzen Kaffee mit viel Zucker. Belgier
sind nachtragend: Wenn sie schlechte Laune haben, sprechen
sie uns Deutsche auf damals an, den Krieg und so. Deshalb
bleibt man als Deutscher in Belgien am besten unter seines-
gleichen. Die Belgier haben ganz gute Radrennfahrer und
Fußballer, aber keinen Beethoven, Beckenbauer oder Goethe.
Belgische Filme kennt kein Mensch, von Nobelpreisträgern
ganz zu schweigen. Hier möchte ich für immer bleiben.

# Ein Turm zu Babel

*Marion Schmitz-Reiners*

Es gibt, so scheint es mir, zwei Belgien. Ein imaginäres, das in den Köpfen seiner Bewohner lebt und, na, sagen wir mal, ein- bis zweitausend Kilometer groß ist; ein anderes, real existierendes, das an seiner breitesten Stelle leicht in vier Stunden zu durchqueren ist.

Im imaginären Belgien gibt es Städte, die so weit auseinanderliegen, dass man sie nur mit Mühe, wenn überhaupt, erreichen kann. Da gibt es Sprachen, die keiner mehr versteht. Und Landschaften, die so fern sind, dass man ein ganzes Leben lang nicht dorthin gelangt. Da ist Griechenland schon ein Stück näher. Und Spanien mutet geradezu heimatlich an.

Wie ich zu diesen kühnen Thesen komme? Durch meine belgischen Familienmitglieder, meine weitgehend belgischen Kinder, durch die Spielkameraden der Kinder, durch belgische Freunde und Freundinnen. Da erlebt man ganz verwirrende Situationen. Als ich meinen Mann, einen waschechten Flamen und Antwerpener, kennenlernte, wollte ich unserem Gespräch etwas auf die Sprünge helfen, indem ich meine Kenntnisse von Brüssel auskramte. Mein neuer Flirt reagierte etwas verlegen und murmelte: »Weißt du, ich bin nicht so oft in Brüssel …« »Wie weit ist Brüssel denn von Antwerpen entfernt?«, fragte ich. »Fünfzig Kilometer«, sagte mein Zukünftiger. Ich war erschüttert. Fast hätte ich ihn der Provinzialität geziehen. Mittlerweile weiß ich, dass zwischen den belgischen Städten tatsächlich Welten liegen.

Interessiert es die Antwerpener, was in Gent passiert? Die Ostender, was in Kortrijk los ist? Die Brügger, was in Löwen geschieht? Es interessiert sie nicht nur nicht, sie wollen es auch gar nicht wissen. Antwerpen ist eine Welt für sich, Gent auch, Ostende auch. Da fand kürzlich in Gent eine Ausstellung statt, über die die deutsche Presse schier außer sich geriet. In Antwerpen wurde sie leicht gelangweilt registriert. Bis Namur und Lüttich wird selbst die Nachricht von dieser Ausstellung nicht durchgedrungen sein

Und dann die Dialekte. Versteht ein Limburger einen Westflamen, ein Ostflame einen Antwerpener? Nein. Oder nur mit sehr viel Mühe. Dafür sind die Belgier jedoch, und das gehört zum Paradoxen an diesem Volk, mühelos in der Lage, durch schlichtes Fernsehen drei bis vier Fremdsprachen zu erlernen. Ähnlich gelagert ist der Fall in puncto Reisen. Ich habe Dutzende von belgischen Freunden, die in ihrem Leben noch nie in – zum Beispiel – Löwen waren. Spanien, Norwegen, ja Afrika oder Amerika dagegen sind Gesprächsthemen, bei denen fast jeder einwandfrei mitkommt.

Die imaginäre Ausdehnung Belgiens reißt Familien auseinander und beendet Freundschaften für immer. Ist eine Nichte aus Ehegründen in eine andere Stadt gezogen, was selten vorkommt, aber auch in Belgien nicht ganz ausgeschlossen ist, dann muss schon eine Kindstaufe oder eine Beerdigung stattfinden, um sie mal wiederzusehen. Lässt sich die beste Freundin in Brüssel nieder, dann kann man, wenn man zum Beispiel in Brügge wohnt, jede Hoffnung fahren lassen, sie in Zukunft in regelmäßigen Abständen oder überhaupt noch mal wiederzusehen.

Noch exotischer ist das Verhältnis Flandern – Wallonie. Seit

Jahren verbringe ich meine Ferien in den Ardennen. Und seit Jahren versuche ich meine an sich normal begabten und intelligenten Kinder davon zu überzeugen, dass dies auch ein Teil Belgiens sei. Sie begreifen es nicht. Es will nicht in ihre Köpfe hinein. An dieser Stelle klappen sie einfach zu. Ein kleiner Wallone nimmt meinem Sohn auf dem Spielplatz den Ball weg. Mein Sohn kommt zu mir und beginnt seine Klage mit den Worten: »Mama, die Franse jongen …« Ich sage: »Schatz, das ist kein Franzose, das ist ein Belgier.« Zehn Minuten später: »Mama, maar die Fransman …«

Aber eigentlich ist das schon ein anderes Thema.

In Belgien herrscht eine Sprachverwirrung, die hat etwas geradezu Biblisches an sich. Nicht, dass hier so viele Sprachen gesprochen würden – eigentlich nur zwei, wenn man das Deutsche mal außen vor lässt. Aber zwei Sprachen reichen, um Belgien in einen Turm zu Babel zu verwandeln. Einschließlich aller Konsequenzen.

Eine Boutique in der Antwerpener Innenstadt. Zwei Verkäuferinnen unterhalten sich vor versammeltem Publikum auf Flämisch. Und dann wechseln sie plötzlich und ohne ersichtlichen Grund ins Französische. Da geschieht etwas Sonderbares.

Sie wechseln nicht nur die Sprache, sie wechseln auch den Habitus. Aus den eben noch deftigen Fläminnen werden zwei höhere Töchter, die sich benehmen wie zwitschernde, leicht alberne, aufgekratzte Vögel. Sie schweben einen halben Meter über dem Fußboden und blicken von dort aus hernieder zum gemeinen Volk, das da wartet und sich an seinen Plastiktüten festhält. Und zwischen Unverständnis, Misstrauen, aber auch Bewunderung schwankt. Unvermittelt geht ihm, einen winzigen Spaltbreit, die Tür zur gehobenen Gesellschaft auf.

Hinter dieser Tür stehen alle Flamen, die des Französischen

mächtig sind und sich dieser Sprache vorzugsweise bedienen. Dabei handelt es sich jedoch nicht um eine homogene Gruppe. Vielmehr drängt sich eine Feineinteilung geradezu auf.

Da gibt es Flamen, die sind in Flandern geboren und aufgewachsen, aber sie weigern sich konsequent, auch nur ein Wort Flämisch zu sprechen. Sie tun sogar, als könnten sie es nicht! Traf ich doch kürzlich eine Dame der besseren Gesellschaft, die zu interviewen ich die Ehre hatte. Sie sprach mich auf Französisch an. Französisch ist meine stärkste Seite nicht. Also schlage ich, schon sehr bescheiden und wohl wissend, was auf mich zukommt, vor, uns der Sprache des Landesteils zu bedienen. Die Reaktion ist vernichtend. Sie blickt mich an, als röche ich nach Kuhmist. Dass sie mich in der nun folgenden Unterhaltung bei jedem zweiten Wort betont unsicher und mit geradezu schulmädchenhafter Koketterie fragt, ob sie es auch richtig ausspricht, rettet mein Selbstbewusstsein auch nicht mehr. Wie, frage ich mich, gelingt es solchen Leuten, in Flandern zu überleben? Wie versorgen sie sich beim Krämer um die Ecke mit dem Allernötigsten?

Weitere Mitglieder der Französisch sprechenden Oberschicht geben unumwunden zu, dass Flämisch ihre Umgangssprache ist, aber bedienen sich eines anderen Tricks, um ihre Umwelt zu vernichten. Trifft man sie auf einem Empfang, fragen sie garantiert irgendwann, ob man denn Französisch könne. Verneint man, oder gibt man zu, dass es damit nicht weit her sei, kann man beinahe sicher sein, kein zweites Mal eingeladen zu werden. Denn man gehört zum Volk, das zwischen Vorstadt, Kneipe und Bauernhof vor sich hin kraucht. Kann man nun daraus schließen, dass zwischen den Niederländischsprachigen eitel Freud und Sonnenschein herrscht? Mitnichten! Da gibt es ein kleines Wörtlein, das wiederum zwei Bevölkerungsschichten voneinander scheidet. Erzählt man nämlich einem Unbekannten gutgläubig und blauäugig, dass man »Flämisch« spreche, ist man bei der Bildungsschicht ab Abitur schon abqualifiziert. Nein, man spricht Niederländisch! Gibt man bei bewusstem Krämer an der Ecke damit an, dass man »Niederländisch« spreche, wird man für ein Mitglied der Entourage des Ministerpräsidenten persönlich gehalten und dementsprechend unfreundlich behandelt.

Aber da sind der Schwierigkeiten noch mehr. Spricht jemand wirklich Niederländisch, sagt er also »mooi« statt »schoon« oder »leuk« statt »plezant«, dann kann man in Flandern einpacken. Dann spüren die Flamen gleich die Bedrohung aus dem Norden. Dann ist die Scheldeblockade nicht vierhundert, sondern vier Jahre her. Tritt der umgekehrte Fall ein, benutzt man also in Gegenwart eines Holländers flämische Idiome, dann bestätigt das dessen Verdacht, man sei seit dem finsteren Mittelalter noch keinen Schritt weitergekommen.

Und jetzt wirds vollends kompliziert. Gibt ein Wallone sich redlich Mühe, Flämisch zu sprechen, erntet er dafür von den Flamen brüllendes Gelächter – allein seine Aussprache des »w« sorgt für rauschende Heiterkeitserfolge. Spricht ein Flame jedoch Französisch, amüsieren die Wallonen sich halb krumm über sein rollendes r. Da gibt es kein Mitleid und kein Pardon.

Ich frage mich manchmal, warum noch nie jemand auf die Idee gekommen ist, Esperanto als belgische Amtssprache einzuführen!

# Wie Belgien funktioniert

*Karl-Heinz Lambertz*

In der Bundesrepublik Deutschland über Belgien reden ist gleichermaßen einfach, weil Belgien wie die Bundesrepublik Deutschland, Österreich und die Schweiz mittlerweile ein Bundesstaat geworden ist, aber auch schwierig, weil dieser seine ganz spezifischen Besonderheiten hat und ohnehin viele Belgien nur aus der Perspektive Brüssels als europäische Hauptstadt kennen, mit der sie all das verbinden, was ihnen in Europa ge- und vor allem auch missfällt. Doch Belgien hat weit mehr zu bieten!

Wie sieht das heutige Belgien aus? Wie steht es um den belgischen Bundesstaat, der in den letzten dreißig Jahren entstanden ist? In Belgien wird Niederländisch, Französisch und Deutsch gesprochen. Das ist den meisten Einwohnern der Bundesrepublik Deutschland nicht geläufig. Die drei Amtssprachen, die unser Land kennt, sind der Wegweiser für die Einführung in den belgischen Föderalismus.

Die innenpolitische Lage Belgiens war fast während seiner gesamten Geschichte und in verstärktem Maße seit dem 20. Jahrhundert von Konflikten und Spannungen zwischen den zwei großen Volksgruppen, den Flamen und den Wallonen, geprägt. Der belgische Föderalismus ist die Antwort auf diese Spannungen. Grob zusammengefasst kann man sagen, dass die Frankofonen wegen ihrer wirtschaftlichen Stärke zu Beginn der belgischen Geschichte die erste Geige spielten. Doch nach und nach setzten der Niedergang der wallonischen Schwerindustrie und das Erstarken des Flämisch sprechenden Landesteiles ein, der nicht nur zunehmend kulturelles Bewusstsein entwickelte und einen größeren Respekt seiner eigenen Sprache gegenüber forderte, sondern sich auch zunehmend seiner wirtschaftlichen Stärke bewusst wurde.

All das hat zu den Endzeiten des belgischen Einheitsstaates dazu geführt, dass die Belgier eine ganz besondere Art der Problemlösung erfanden, nämlich die, jedem immer recht zu geben. So entstand die hohe belgische Staatsverschuldung: Wenn in Flandern ein Seehafen gebaut wurde, wollte die Wallonie auf jeden Fall irgendwo einige Kilometer Autobahn, egal, ob man diese brauchte oder nicht. Das konnte natürlich auf Dauer nicht so weitergehen.

Ende der Sechziger-, Anfang der Siebzigerjahre des vorigen Jahrhunderts wurde ein entscheidender Schritt gemacht, nämlich die Umwandlung des belgischen Staates vom dezentralisierten Einheitsstaat hin zu einem Bundesstaat. Das ist nicht der übliche Weg des Entstehens eines Bundesstaates. Oft entsteht diese Art von Staaten, indem sich vormals unabhängige Staaten mit anderen zusammenschließen und einen Bundesstaat bilden. In Belgien lief diese Entwicklung genau umgekehrt. Dort hat sich der Einheitsstaat hin zu einem Staat entwickelt, wo den einzelnen Landesteilen eine weitgehende Autonomie in Gesetzgebungs- und Verwaltungsangelegenheiten sowie – wenn auch in beschränktem Maße – auf finanzieller Ebene zuerkannt wurde. Dies ist in fünf Etappen während knapp drei Jahrzehnten geschehen. Dabei handelt es sich insgesamt um eine Erfolgsstory, sosehr man sich auch über das eine oder andere Detail des belgischen Föderalismus wundern mag.

Diese Umwandlung eines Einheitsstaates in einen Bundesstaat mit wenigen Elementen ist in dieser Art einzigartig. Das ist weder in der Tschechoslowakei noch bisher in Zypern und schon gar nicht in Exjugoslawien gelungen. Es ist vor allem deshalb eine Erfolgsstory, weil dieser Prozess auf friedlichem Wege vollzogen wurde. Das Geheimnis dieser Lösung trägt einen Namen: »Der belgische Kompromiss«.

Worin besteht der »belgische Kompromiss«? Es handelt sich um eine fast schon als Liturgie zu bezeichnende Art und Weise, Konflikte nach einer Dramatisierung durch Konsens zu lösen. Dieser Konsens kommt nur zustande, weil man immer wieder die Quadratur des Kreises schafft. In der belgischen Politik ist es möglich, ein Quadrat rund und einen Kreis viereckig sein zu lassen.

In vielen Bereichen funktioniert der belgische Bundesstaat ähnlich wie der deutsche. Es gibt eine Verteilung der Kompetenzen, eine Beteiligung der gliedstaatlichen Ebene an der Wahrnehmung der Bundeszuständigkeiten und einen Finanzausgleich, die im Detail anders ausgestaltet, vom Prinzip her jedoch mit dem deutschen Bundesstaatsmodell vergleichbar sind.

Und was ist denn nun anders? Anders ist vor allem der Ansatz des belgischen Föderalismus. Das kann man aus der Geschichte verstehen. Es ist ein dissoziativer Ansatz und kein integrativer. Dissoziativ ist der Ansatz vor allem deshalb, weil Belgien sehr stark von zentrifugalen Kräften bestimmt wird.

Die vielleicht ungewöhnlichste Dimension dieser zentrifugalen Ausrichtung ist schlicht und einfach die Tatsache, dass es in Belgien keine Bundesparteien gibt. Für deutsches Vorverständnis wäre das so, als ob die Situation der CSU in Bayern dort für alle fünf deutschen Parteien bestünde und das Ganze dann mit sechzehn multipliziert würde. Diese Parteien würden dann die Koalitionsbildung auf Bundesebene betreiben. So funktioniert das vom politischen Ansatz her in Belgien – zugegebenermaßen mit etwas weniger Bestandteilen, weil es je nach Zählweise fünf beziehungsweise sechs gliedstaatliche Körperschaften gibt. Diese Besonderheit ist ein entscheidender Schlüssel für das Verständnis der belgischen Politik. In Belgien wird die Bundespolitik von Parteien gemacht, die es nur in den einzelnen Ländern gibt. Die Unterschiede zwischen den Christdemokraten, Sozialisten, Liberalen und Grünen in Flandern und in der Wallonie sind manchmal viel größer als diejenigen innerhalb der jeweiligen Region zwischen diesen einzelnen ideologischen Ausrichtungen. Das führt dazu, dass der Schwerpunkt der politischen Gestaltung in Belgien auf der Landesebene liegt und dass es diese Landesparteien sind, die gemeinsam die Bundesregierung bilden oder Mehrheiten im Bund zustande bringen. Dies heißt aber auch, dass jede einzelne Akte auf dem Tisch der Bundesregierung sehr schnell einen Konflikt zwischen Flamen und Wallonen auslösen kann.

Gewisse Aspekte des belgischen Staatsaufbaus sind recht einfach. Alle, und nicht nur die höchstinstanzlichen, Gerichte sind Bundesangelegenheit. Ein Prinzip, das in der Bundesrepublik Deutschland viel Komplexität erzeugt und darin besteht, dass die Länder die Bundesgesetze als landeseigene Angelegenheit ausüben, gibt es in Belgien nicht. Dort übt immer die Ebene die ausführende Gewalt aus, die auch für die Gesetzgebung zuständig ist. Bei der Kompetenzaufteilung in Gesetzgebungsangelegenheiten gibt es keine konkurrierenden Gesetzgebungszuständigkeiten, kaum Rahmengesetzgebungszuständigkeiten, sondern hauptsächlich Gesetzgebungszuständigkeiten. Entweder ist der Bund oder die Landesebene zuständig, und jeder führt selbst aus, was er beschlossen hat. Dies ist an und für sich sehr einfach im Vergleich zur Komplexität der verschiedenen Verordnungen, die in den einzelnen Ländern in Ausführung eines Bundesgesetzes ergangen sind, oder auch zur Situation in der Bundesrepublik, wo es einer intelligenten Rechtsprechung des Bundesverfassungsgerichtes bedarf, um zu beurteilen, ob das Bedürfnis nach bundeseinheitlichen Lebensverhältnissen vorhanden ist, damit der Bund in einer Angelegenheit der konkurrierenden Gesetzgebungszuständigkeit überhaupt tätig werden darf.

Das belgische Bundesstaatsmodell enthält aber auch komplizierte Aspekte. Dazu gehört zweifellos die Tatsache, dass die Landesebene von zwei verschiedenen Körperschaften wahrgenommen wird: von den Regionen und den Gemeinschaften. Unter »Region« kann man sich vielleicht noch etwas vorstellen, unter »Gemeinschaft« wahrscheinlich nichts. Dabei handelt es sich weder um einen Verein noch um eine Sekte oder gar um einen eherechtlichen Güterstand. Gemeinschaft und Region sind in Belgien das, was man in Deutschland Bundesländer nennt. Regionen und Gemeinschaften sind eigenständige Körperschaften mit eigenen Parlamenten und Regierungen, die sich durch ihre Sachzuständigkeit voneinander unterscheiden und deren örtliche Zuständigkeit weitgehend, aber nicht völlig identisch ist.

Die Regionen sind insbesondere zuständig für lokale Gebietskörperschaften, Wirtschaftsförderung, Beschäftigungs-, Umwelt-, Landwirtschafts- und Raumordnungspolitik. Die Gemeinschaften sind zuständig für Bildungswesen, Kultur und viele Bereiche des Sozialwesens. Dazu ein konkretes Beispiel: Wenn Herr Rüttgers, Ministerpräsident von Nordrhein-Westfalen, nach Namur fährt, um seinen wallonischen Kollegen, Herrn Di Rupo, Ministerpräsident der Wallonischen Region, zu treffen, und dort den Wunsch äußert, auch mit dem Hochschulminister der Wallonischen Region ein Gespräch zu führen, dann wird Herr Di Rupo ihm gestehen müssen:

»Das geht nicht!« Den Hochschulminister der Wallonischen Region gibt es nicht, weil die Bildungspolitik eine Gemeinschaftsangelegenheit ist und somit in die Zuständigkeit der französischen Gemeinschaft fällt. Wenn Herr Rüttgers jedoch nach seinem Besuch in der Wallonie nach Flandern fährt, wird der dortige Ministerpräsident, Herr Leterme, ihm durchaus seinen Bildungsminister vorstellen können. Spätestens dann wird Herr Rüttgers sagen: »Da stimmt doch irgendetwas nicht!« Es stimmt aber trotzdem, denn die beiden auf Landesebene bestehenden Körperschaften sind von ihren Strukturen und Kompetenzen her asymmetrisch organisiert.

Auf der Landesebene besteht eine asymmetrische Zweigliedrigkeit. All das, wofür ein deutsches Bundesland zuständig ist, machen in Belgien die Gemeinschaften und Regionen, aber sie machen es unterschiedlich im flämischen und im wallonischen Landesteil. In Flandern haben Region und Gemeinschaft ihre Organe fusioniert. Es gibt ein flämisches Parlament und eine flämische Regierung. Auf der frankofonen Seite hat man die beiden Körperschaften getrennt voneinander bestehen lassen, aber Personalunion in gewissen Funktionen vorgesehen. Das Parlament der französischen Gemeinschaft besteht aus den Parlamentariern der Wallonischen Region und aus einem Teil der Parlamentarier der Region Brüssel. Außerdem kann ein Minister der französischen Gemeinschaft gleichzeitig Minister der Wallonischen oder der Brüsseler Region sein. Die französische Gemeinschaft kann sogar einen Teil der Kompetenzen oder alle Zuständigkeiten an die Wallonische Region übertragen, was sie im Übrigen auch partiell gemacht hat, genau wie die Wallonische Region ihre Zuständigkeiten an die deutschsprachige Gemeinschaft übertragen kann, was ebenfalls teilweise geschehen ist.

Bei diesem asymmetrischen Patchwork von Kompetenzen und Funktionen braucht man beinahe eine Lupe, um genau herauszufinden, wer denn wo unter welchen Umständen und in welchem Ausmaße für eine Landesangelegenheit zuständig ist. Das ist knifflig in Belgien, aber nicht sehr viel komplizierter als so manches Detail des deutschen Verwaltungsaufbaus. Oder weiß etwa jeder Sachse, was ein nordrhein-westfälischer Landschaftsverband ist?

Diese Komplexität auf der gliedstaatlichen Ebene ist natürlich nicht aus der reinen Lust heraus erfunden worden, etwas Kompliziertes zu schaffen. Sie ist vielmehr ein Beispiel für die Quadratur des Kreises, die darin besteht, trotz fundamental unterschiedlicher Auffassungen zur Rechtslage der Region Brüssel zwischen Flamen und Wallonen in Belgien einen Kompromiss zu finden. Das ist das Geheimnis dieses ganzen Systems. Es ist kompliziert, aber es funktioniert.

Dann gibt es noch die kleine deutschsprachige Gemeinschaft. Sie ist eine Minderheit in Belgien, die nach dem Ersten Weltkrieg durch den Versailler Vertrag von Deutschland zu Belgien gekommen ist. Sie umfasst dreiundsiebzigtausend Menschen, davon etwa zehntausend Bundesdeutsche vorwiegend aus dem Aachener Raum. Die deutschsprachige Gemeinschaft verfügt über ein eigenes Parlament und eine eigene Regierung. Ihre Zuständigkeit umfasst Bildung und Kultur, Soziales und Gesundheit sowie Denkmalschutz, Beschäftigung und lokale Behörden.

Ihr Statut ist ein Nebenprodukt der gesamten Umwandlung Belgiens in einen Bundesstaat. Jedes Mal, wenn die Flamen und Wallonen sich einigten, haben die deutschsprachigen Belgier gesagt: »Wir sind auch noch da. Und das, was ihr für euch wollt, müsst ihr uns wohl auch geben.« Auf diese Weise ist die deutschsprachige Gemeinschaft zu dem hochinteressanten Statut eines Gliedstaates in einem Bundesstaat gekommen und genießt das Privileg, der kleinste Gliedstaat in der gesamten Europäischen Union zu sein, selbst nach der Osterweiterung und solange die Schweiz nicht der EU beigetreten ist. Denn in der Schweiz gibt es noch sechs Kantone, die kleiner sind als die deutschsprachige Gemeinschaft. Dieses kleine Gebiet ist auch eine Grenzregion und aus dieser Situation heraus besonders dazu geeignet, ein Bindeglied zwischen dem französisch-, niederländisch- und deutschsprachigen Raum zu sein. Mehrsprachigkeit und interkulturelle Kommunikationskompetenz sind lebens- und oft sogar überlebensnotwendig. Sie stellen natürlich auch einen interessanten Trumpf für den Wirtschaftsstandort Ostbelgien dar.

Dank einer komplizierten Kompromissbildung mit einem komplexen Ergebnis hat Belgien den Wandel vom Einheitsstaat zum Bundesstaat vollzogen. Dieser wird sich aber nach meinem Dafürhalten auf Dauer vereinfachen. Es wird irgendwann in Belgien vier Bundesländer geben: Flandern, Brüssel, Wallonie und deutschsprachige Gemeinschaft. Das ist meine Prognose.

Zwei deutsche Wissenschaftler haben vor einigen Jahren ein Buch über Belgien geschrieben, das den schönen Titel trägt: *Der Belgische Föderalismus – Zerfall oder föderales Zukunftsmodell?* Ich bin fest davon überzeugt, dass es ein Modell ist – weniger für Europa als vielmehr für Belgien –, aus dessen Geschichte und Entwicklung sich die eine oder andere Anregung, der eine oder andere Denkanstoß für die Entwicklung in anderen Staaten ableiten lässt. Ob dieses Modell langfristig überlebensfähig ist, wissen wir spätestens dann, wenn Belgien im Jahr 2030 sein zweihundertjähriges Bestehen zu feiern hat.

# Die Obrigkeit, der natürliche Feind

*Marion Schmitz-Reiners*

Seit vielen Jahrzehnten gibt sich der belgische Staat jede nur erdenkliche Mühe, seine Bürger zufriedenzustellen. Indes, es gelingt ihm nicht. Das Misstrauen gegen die Obrigkeit ist schon vor vielen Jahrhunderten Teil des kollektiven belgischen Unterbewusstseins geworden. Und daran hat sich auch durch den gegenwärtigen Wohlstand des Landes und das sichere soziale Netz nichts geändert.

Objektiv gesehen, geht es den Belgiern, abgesehen von den Bewohnern der verlassenen Industriegebiete in der Wallonie, wirklich gut. 2005 betrug die jährliche Kaufkraft der Bevölkerung 16 260 Euro, womit das Land an neunter Stelle aller europäischen Länder und vor Deutschland lag. Die belgische Armutsrate gehört zu den niedrigsten der Welt. Dank des gut ausgebauten Sozialleistungssystems gelingt es Belgien, achtzig Prozent der Menschen, die ohne staatliche Unterstützung »arm« wären, aus der Armutsstatistik herauszuhalten. Arbeitslose mit Familie erhalten während der ganzen Zeit ihrer Arbeitslosigkeit sechzig Prozent ihres letzten Gehalts. Das kann wenig sein, aber dieser Betrag wird durch eine Fülle zusätzlicher Leistungen aufgebessert, wie zum Beispiel die Bereitstellung einer Sozialwohnung, gratis Weiterbildungs-

oder Umschulungskurse und den freien Zutritt zu den unterschiedlichsten Veranstaltungen kultureller und sonstiger Art.

Die Sozialwohnung hat in Belgien nichts mit ihrem deutschen Pendant gemein; es kann sich durchaus um schmucke Häuschen mit Gärten in von der öffentlichen Hand gepflegten Siedlungen handeln. Kein Wunder, dass so mancher Langzeitarbeitslose sich nicht viel Mühe gibt, wieder an Arbeit zu geraten: Oft stünde er dann finanziell schlechter da als in der Zeit seiner Arbeitslosigkeit. Die Arbeitsämter üben traditionell nicht besonders viel Druck auf die Arbeitsuchenden aus, was von den Behörden auch regelmäßig beklagt wird. Aber um eine Änderung der eingefahrenen Usancen kümmern sie sich aus kaum nachvollziehbaren Gründen nicht wirklich.

Spüren die Belgier auch nur einen Hauch von Dankbarkeit gegenüber einem Staat, der sie geradezu hofiert? Das Gegenteil ist der Fall. Unzählige Male wurde ich in Kneipen, im Sportverein oder auf dem Bürgersteig Zeuge von Schimpfkanonaden auf »die Politiker«. Ob sie rechts, links oder in der Mitte agieren, Belgier können es sich überhaupt nicht vorstellen, dass ein Politiker diesen Beruf ergreift, um seiner Partei, geschweige denn dem Volk, zu dienen. Ihre Politiker hatten, so denken die Belgier, das Glück, in eine Familie hineingeboren zu sein, die über Geld und wahrscheinlich auch Beziehungen verfügte, sie haben die richtigen Schulen besucht, es ist ihnen gelungen, an der Universität die richtigen Netzwerke aufzubauen, und sie haben es vor allem verstanden, diese Beziehungen zu versilbern, ebenso wie sich ihre Vorgänger stets auf Kosten des Volks bereichert haben. Kurz, ihr wichtigstes Bestreben ist es nach Meinung der Landeskinder, das Volk abzuzocken.

Belgische Politiker wissen natürlich, wie das Volk über sie denkt. Deshalb geben sie sich quer durch alle Regionen und Gemeinschaften eine geradezu rührende Mühe, sich bei ihm beliebt zu machen. Sie mischen sich bei Kirmessen unters Volk, sie sitzen bei Fußballspielen, wie der ehemalige Premierminister Jean-Luc Dehaene, hemdsärmelig und in Shorts auf der Tribüne, sie profilieren sich, wie Premierminister Guy Verhofstadt, als tapfere Langstrecken-Radfahrer, sie nehmen, wie der flämische Ministerpräsident Yves Leterme, an Quizsendungen im Fernsehen teil, wo sie mit einem charmanten Lächeln auch Blamagen in Kauf nehmen, sie eröffnen jede Ausstellung, die sie nur eröffnen können, und man läuft ihnen dauernd auf Empfängen aller Art über den Weg. Kürzlich fand ich mich nach einer Vernissage in einem Brüsseler Museum an der Champagnerbar neben dem liberalen flämischen Kultusminister Bert Anciaux wieder. Er war der Einzige, der nicht im Anzug, sondern in Pullover und Jeans erschienen war. Der Minister strahlte, plauderte und war die Unkompliziertheit in Person. Die Einzige aus der Ad-hoc-Entourage, die nichts zu sagen wusste, war ich – wahrscheinlich, weil ich mit einem anderen Minister-Bild groß geworden bin als die Belgier. Anciaux füttert wie andere belgische Politiker täglich sein Weblog, indem er dem Volk freimütig und ganz locker seine privaten Alltagserfahrungen mitteilt. Bloß zweifle ich daran, dass diese digitalen Tagebücher viele Belgier interessieren. Denn so viel Mühe Anciaux und seine Kollegen sich auch geben, beim Volk anzukommen, man traut ihnen keinen Millimeter über den Weg.

Und mehr noch, das Volk meckert ohne Ende über alles, was die Politiker tun. Als Beispiel mag die Neuanlage »meiner« Straße dienen. Bis zum Jahr 2005 war sie eine holprige, von Unkraut übersäte Pflasterstraße mit Bürgersteigen aus grauen Betonplatten, aus deren ausgewaschenen Hohlräumen, wenn man bei Regen versehentlich darauftrat, das Schmutzwasser bis zu den Knien hochspritzte. Man kann sich vorstellen, wie meine Nachbarn über ihre kaputten Stoßdämpfer und ihre schmutzigen Hosen schimpften. Schließlich entschloss sich die Kommune zur Sanierung der Straße. Natürlich war sie einige Monate lang nicht befahrbar. Da brach das Gemecker erst wirklich los. »Niemand denkt an uns!«, schimpften meine Nachbarn. »Wie sollen wir unsere Einkäufe abladen, wenn wir nicht vor der Haustür parken können?« Heute ist unsere Straße mit modernen, glatten Steinen und der Bürgersteig mit roten Platten gepflastert, von denen keine einzige mehr wegsackt, wenn man drauftritt. Aber keiner meiner Nachbarn hat jemals ein lobendes Wort über die Aktion der Kommune verloren. Man nimmt sie hin, als Teil der als selbstverständlich empfundenen Dienstleistung eines Staats, den man nicht liebt, aber der für einen zu sorgen hat.

Seit Jahren wird die Innenstadt von Antwerpen saniert. Vor den Bauarbeiten schimpften die Antwerpener in ihren Häusern und Kneipen wie Rohrspatzen über ihre Stadt, in der sich in der Tat zwischen Kriegsende und den Achtzigerjahren wenig getan hatte. »Niemand kümmert sich um uns«, war der allgemeine Tenor der Diskussionen, »wenn es nach der Stadtverwaltung ginge, könnten wir hier in unserem eigenen Dreck ersticken.« Mittlerweile wurden zahlreiche Straßen und Plätze neu angelegt und viele Bauruinen abgerissen. »Sie haben unsere schöne, alte Stadt kaputtsaniert«, ist nun der allgemeine Tenor. »Antwerpen hat seinen Charakter verloren!« Ganz unrecht kann ich den Unzufriedenen nicht geben, aber haben sie sich nicht jahrelang über die verfallenen Häuser, die holprigen Straßen, die chaotische Verkehrsführung und darüber beschwert, dass es keine gesonderten Fahrstreifen für den öffentlichen Nahverkehr gab, weshalb auch Busse und Straßenbahnen dauernd in Staus steckten? Ein besonders sensibles Thema ist die Begrünung der Stadt. Seit Neuestem haben die belgischen Kommunalverwaltungen die Neigung, die Straßen ihrer Städte und Dörfer mit Bäumen zu bepflanzen. Aber auch die Bäume gelten als Attacke der Obrigkeit auf die Bürger. Denn sie verringern nicht nur die Zahl der Parkplätze; schlimmer noch, im Herbst fallen die Blätter ab, die die Bürgersteige rutschig machen, weswegen man sich – davon sind vor allem die urbanen Flamen, die Bäume nicht sonderlich lieben, überzeugt – dort leicht den Hals brechen kann. Um ihre Bürger nicht gegen sich aufzubringen und dennoch die Straßen hübscher zu gestalten, pflanzen die Gartenbauämter der Kommunen nur ganz kleine Bäumchen, die sie außerdem jeden Herbst flächendeckend auf das gerade noch zu ihrem Überleben erforderliche Mindestmaß zurückstutzen. Es hilft nichts, die Freiluft-Bonsais werden von den Anrainern mit größtem Misstrauen beäugt. Und wenn sie in einem heißen Sommer zu vertrocknen drohen, dann rührt sich keine Hand, um sie vielleicht einmal zu gießen. Im Gegenteil, die Bürger denken so etwas wie »Ätsch«. Die Kommune hat sie überfahren, der Himmel hat sich gerächt.

Am allermeisten ärgert sich der belgische Staatsbürger über die hohen Steuern. Tatsächlich machen sie 45,4 Prozent des Bruttoinlandsprodukts aus, womit der Steuerdruck in Belgien nach Schweden und Dänemark (je 50 Prozent) der höchste in Europa ist. Jedoch hat die Sache zwei Seiten. »Ich würde mit Vergnügen so hohe Steuern bezahlen«, sagte kürzlich eine deutsche Freundin, »wenn ich dafür einen gratis Kindergartenplatz für meine Töchter bekäme und ohne schlechtes Gewissen in meinen Beruf zurückkehren könnte.« Derartige Gedankengänge sind meinen belgischen Freunden völlig fremd. »Die Obrigkeit wird vom durchschnittlichen Bürger häufig als der große Bösewicht betrachtet, der repressiv auftritt und immer mehr Steuern erhebt, um die Staatsausgaben finanzieren zu können«, bestätigt Stefan Ruysschaert in seinem Buch *De ogen van de fiscus (Die Augen des Fiskus)* den Eindruck, der sich jedem Ausländer aufdrängt, wenn er die Landeskinder

über »die da oben« schimpfen hört. Natürlich gibt es nur un-
genaue Zahlen über die Höhe der unterschlagenen Steuern.
Dennoch wagte die Zeitung *De Standaard* am 20. September
2005 eine Schätzung: Sie soll sich 2003 auf achtzehn bis ein-
undzwanzig Prozent der Steuereinnahmen des Staats belaufen
haben. Die eifrigsten Steuerhinterzieher seien, so Ruysschaert,
der sich diesbezüglich auf die Untersuchung »Fiscale Fraude«
(Steuerbetrug) des Löwener Davidsfonds von 1986 bezieht,
Rechtsanwälte, gefolgt von Ärzten und Notaren. Aber auch
kleine Selbstständige sind beim Abfassen ihrer Steuererklä-
rung höchst erfinderisch: Nach *De Standaard* vom 7. Juli 2005
verdienen sie in Antwerpen durchschnittlich sechs- bis acht-
tausend Euro netto im Jahr (!), wovon man auch als Allein-
stehender unmöglich leben kann. Wieso die Finanzämter das
schlucken? Weil sie, nach Ruysschaert, noch immer ein Heer
von Beamten aus der Vor-Computer-Zeit beschäftigen, die zu
alt sind, um zu »Kontrolltechnikern« umgeschult zu werden.
Und mit typisch belgischer Logik fährt er fort: »Außerdem
dürfen wir nicht vergessen, dass die Obrigkeit auch eine soziale Funktion hat und einen bestimmten Prozentsatz von Beamten einstellen muss, die für andere Stellen kaum oder nicht
geeignet sind.« Alles in allem ähnelten belgische Finanzämter
nicht selten »einem Supermarkt, in dem die Kunden mangels
Kassierern freundlich gebeten werden, die Beträge für ihre
Ankäufe in die Dosen neben den Kassen zu stecken«.

Eine weitere beliebte Methode, den Staat um seine Ein-
nahmen zu bringen, ist die Schwarzarbeit. Stichprobenartige
Kontrollen, die 2003 bei fünfzehntausend belgischen Firmen
durchgeführt wurden, haben ergeben, dass dem Staat dadurch jährlich 1,7 Milliarden Euro an Sozialversicherungs-
beiträgen verloren gehen. In Griechenland und Italien beträgt
der Anteil der Schattenwirtschaft am Bruttoinlandsprodukt
schätzungsweise rund 28 Prozent; es folgen Portugal, Spanien

und Belgien mit rund 22 Prozent (Zahlen von 2002). Man bemerke die Affinität zwischen den beiden genannten südeuropäischen Ländern und dem nordwesteuropäischen Belgien. Die deutsche *Tagespost* wies in einem ins Internet aufgenommenen Artikel aus dem Jahr 2002 auf eine Untersuchung der Entwicklung der Schattenwirtschaft in vierzig Industrie- und Schwellenländern hin. Demnach sei die Schwarzarbeit im Zeitraum 1990 bis 2002 in den untersuchten Ländern um 26 Prozent angestiegen. In Belgien und Italien jedoch habe sie nicht wesentlich zugenommen, »wenngleich für beide Länder auf das hohe Ausgangsniveau hinzuweisen ist«. Hübsch und auch sehr treffend formuliert.

Beim Hausbau ist in Belgien die Mithilfe von Verwandten ersten Grades gesetzlich gestattet. Darüber amüsieren Belgier sich höchstens. Gilt es ein Haus zu bauen, werden alle Verwandten und zudem noch sämtliche Kollegen eingespannt. Basteln und handwerkeln können sie eh. Wahrscheinlich ist auch diese Fähigkeit vererbt; in den isolierten Dörfern gab es früher nun einmal keine Elektriker und Klempner, da musste man schon selbst zu Zange und Schraubenschlüssel greifen. Zwischen 2004 und 2005 nahm die Zahl der Baugenehmigungen in Belgien um zwölf Prozent auf 30 589 zu (was, nebenbei gesagt, bedeutet, dass das eh schon zersiedelte Land demnächst um gut dreißigtausend Häuser reicher ist), die Zahl der steuerzahlenden Bauarbeiter nach Angaben von *De Morgen* vom 20. September 2005 aber nur um 0,82 Prozent. Das liegt natürlich auch am Zustrom von Schwarzarbeitern aus dem Osten. Aber auffallend ist diese Diskrepanz allemal. Hinzu kommt natürlich das Heer der Frühpensionierten. Ich kenne keinen Einzigen, der nach seiner Frühverrentung wirklich die Hände in den Schoß gelegt und nichts hinzuverdient hat.

In den europäischen Schwarzarbeit-Statistiken tauchen die Hochsteuerländer Schweden und Dänemark nicht auf. Daraus kann man schließen, dass Dänen und Schweden eher als Belgier geneigt sind, ihren Staat durch ehrliche Arbeit zu unterstützen. Dass die Belgier diese Neigung nicht im Geringsten spüren, mag außer ihrem gestörten Verhältnis zur Obrigkeit auch auf den chronischen Mangel an Nationalstolz zurückzuführen sein.

Die Belgier haben keinen. Wie sollten sie auch? Sie haben sich ihren Staat nicht gemeinsam erkämpft; er ist das Ergebnis des Protests einzelner Bevölkerungsgruppen, die dazu noch eine Minderheitensprache, nämlich das Französische, sprachen. Ist Brüssel für sie ein nationales Symbol, so wie Berlin es letztendlich für die Deutschen ist? Ebenfalls nein. Die Hauptstadt ist eine eigene, de facto französischsprachige Region, die mitten in Flandern liegt, wodurch Brüssel im Bewusstsein der Wallonen von einer Art Niemandsland umgeben und für die Flamen immer noch eine Bastion des französischsprachigen Bürgertums ist. Gibt es identitätsstiftende mythische oder historische Heldengestalten, auf die man stolz sein kann? Belgien hatte nie einen edlen, großen, stolzen Siegfried und auch keine geistes-, musik- oder literaturgeschichtlichen Titanen wie Hegel, Beethoven oder Goethe, sondern nur kleine, subversive Fantasiegestalten wie Reineke Fuchs, der um 1260 mit dem Epos *Van den Vos Reynaerde (Vom Fuchs Reineke)* des Ostflamen Willem die Madoc die literarische Weltbühne betrat, Till Eulenspiegel, den spätestens seit dem Erscheinen des Buchs *Die Legende der heroischen, fröhlichen und gloriosen Abenteuer von Uylenspiegel und Lamme Goedzak in Flandern und anderswo* von Charles de Coster (1827–1879) das Städtchen Damme bei Brügge für sich einfordert, oder Asterix, der zwar seinen französischen »Vätern« Goscinny und Uderzo zufolge in der Bretagne lebte, aber von den Belgiern voll adoptiert wurde; für sie ist er das Alter ego von Ambiorix. Es gibt auch, so klein das Land ist, keine gesamtbelgische Folklore. In Ostbelgien ist der Karneval der folkloristische Höhepunkt des Jahres, in der Wallonie sind die Höhepunkte Hubertusjagden und Pferdeweihen, und in Flandern sind es historische Umzüge wie die Heilig-Blut-Prozession in Brügge, mit der des tapferen flandrischen Grafen Dietrich vom Elsass gedacht wird. In den letzten Jahren haben sich einige Musikgruppen wie die wallonische Band *Urban Trad* profiliert, die auf die keltische Folklore zurückgreifen. Immerhin schnitt *Urban Trad* als Zweiter beim Eurovisions-Songfestival 2003 ab, was auch in Flandern gewisse Sympathien für die wallonische Gruppe weckte.

Aber fragen Sie einmal einen beliebigen Belgier nach dem Text der Nationalhymne: Weiter als bis zur ersten Zeile – »Oh teures Belgien, heil'ges Land der Väter« – wird er nicht kommen. Erstens, weil er den Text nicht kennt, und zweitens, weil er schon nach dieser Zeile wegen ihres Inhalts in Gelächter ausbrechen wird. Auch gibt es keine gesamtbelgischen Sportgrößen mehr. Kim Clijsters bleibt in den Köpfen der Belgier Flämin, Justine Henin-Hardenne Wallonin, und beide sind außerhalb der Turniere für die jeweils andere Sprachgruppe uninteressant. Die letzte nationale Sport-Ikone war der phänomenale flämische Radrennfahrer Eddy Merckx, aber als er 1968 zum ersten Mal den Giro d'Italia und 1969 zum ersten Mal die Tour de France gewann, war Belgien auch noch ein Einheitsstaat.

So wissen auch die Staatsdiener nicht, wem sie eigentlich dienen. Was sie hingegen sehr wohl wissen, ist, dass sie – im Gegensatz zu Arbeitnehmern, die sich bis zum heiß ersehnten Vorruhestand auf dem freien Markt abrackern und dort ständig ihr Bestes geben müssen – bis an ihr Lebensende versorgt sind. Deshalb, und auch weil die Angst vor Armut den von keinem Wirtschaftswunder verwöhnten Belgiern noch immer in den Knochen sitzt, streben zahllose Bürger des Landes eine Beamtenlaufbahn an. Diesem Streben kommt entgegen, dass der Staat wegen seiner komplizierten Struktur und der Gesetze, die fordern, dass vor allem in Brüssel viele Stellen von je einem französisch- und niederländischsprachigen Beamten besetzt sind, einen enormen Bedarf an Arbeitskräften hat. Sage und schreibe neunundzwanzig Prozent aller berufstätigen Belgier sind im öffentlichen Dienst beschäftigt. Dass nicht alle von ihnen ihren Job mit Hingabe ausüben, liegt auf der Hand.

Belgische Beamte feiern durchschnittlich pro Jahr vier Wochen krank. 2004 wurden nach Angaben von *De Standaard* auf flämischer Seite genau 746 486 Krankentage, auf wallonischer Seite sogar 302 769 Krankentage verzeichnet. Geht man von einem durchschnittlichen monatlichen Beamtengehalt von dreitausend Euro brutto aus, so kommt man überschlagsweise auf eine Summe von rund fünfundsiebzig Millionen Euro, die dem Staat jährlich an Gehältern verloren gehen, die für abwesende Beamte bezahlt werden müssen. Hinzu kommt eine recht aparte Regelung, die beinhaltet, dass jeder Beamte pro Jahr Anspruch auf zwanzig bezahlte Krankentage hat, die er sich, wenn er sie nicht »aufbraucht«, bis zur Pensionierung aufsparen kann. Das bedeutet, dass ein Beamter ohne Krankschreibung und ohne die Vorruhestandsregelung in Anspruch zu nehmen, also bei vollem Gehalt, drei Jahre früher als gesetzlich festgelegt seinen Ruhestand antreten kann. Natürlich wird auch diese Zeit auf die Rente angerechnet.

Mit diesen und anderen milden Gaben will der Staat seine Diener freundlich stimmen. Es gelingt ihm nicht. Die Schalter der belgischen Behörden sind mit Angestellten und Beamten besetzt, die im wörtlichen wie übertragenen Sinne eher lustlos aufblicken, wenn ein Bittsteller sich ihnen nähert. Selten habe ich erlebt, dass ein Angestellter bei der Post auf Anhieb die

Höhe des Portos für einen Auslandsbrief weiß. Meistens muss er erst einmal umständlich in einem dicken Buch blättern. Auf eine Steuerrückzahlung muss man eineinhalb Jahre warten. Beim Staatsrat, dem höchsten belgischen Verwaltungsgericht, das für Klagen der Bürger gegen die Obrigkeit beispielsweise im Zusammenhang mit verweigerten Baugenehmigungen zuständig ist, sind zurzeit rund zweitausend Prozesse anhängig, ein Berg, von dem die Sprecher des Justizministeriums seit Jahren versichern, dass er innerhalb der nächsten zwei Jahre abgebaut werden solle, wohingegen er eher wächst. Dass ausgerechnet dieses Gericht einen so großen Rückstand hat, erhöht auch nicht eben das Vertrauen der Belgier in ihren Staat.

Und hier sind wir abermals bei einem Widerspruch angelangt. Denn im Grunde finden die Belgier, dass sie durch und durch glücklich sind. Das geht jedenfalls aus einer »Werte-Enquete« hervor, die die Universität von Tilburg Anfang 2005 in dreiundvierzig europäischen Ländern veranstaltete und die die Zeitung *De Morgen* am 28. Juni 2005 zusammenfasste: Einundvierzig Prozent aller Belgier bezeichnen sich als »sehr glücklich« und einundfünfzig Prozent als »ziemlich glücklich«. In ganz Europa gibt es zweiundzwanzig Prozent »sehr Glückliche« und siebenundfünfzig Prozent »ziemlich Glückliche«. Nur in Nordirland, Island, den Niederlanden, Dänemark und Irland fanden sich mehr Menschen als in Belgien, die rundherum mit ihrem Leben zufrieden sind. In Österreich hingegen waren es lediglich 35,8 Prozent, in Deutschland gar nur 19,6 Prozent.

Aus der Fülle der übrigen Fragen sollen hier nur die nach der Einstellung der Belgier zur Politik betrachtet werden. Mit ihrer Demokratie, so ging aus der Untersuchung hervor, ist nur die Hälfte aller Belgier einigermaßen zufrieden. Nur zehn Prozent bezeichneten sich als politisch interessiert. Dreißig Prozent gaben an, politisch »ein bisschen« interessiert zu sein. Und abermals dreißig Prozent bezeichneten sich als »überhaupt nicht« an Politik interessiert.

Irgendwie kann man sie verstehen, wenn man die belgische Politik genauer betrachtet. Die belgische Staats- und Parteienstruktur ist vermutlich die komplizierteste Europas. Man muss nicht Belgier sein, um angesichts dieses Wirrwarrs zu verzweifeln. Aber wenn man sowieso schon wenig Vertrauen in die Obrigkeit hat, wie traditionell die allermeisten Belgier, dann resigniert man vollends.

# Rubens und Magritte – Zwei Bilder aus dem Leben

*Ernst Kobbert*

In Festreden zum 400. Geburtstag von Peter Paul Rubens, der 1977 gefeiert wurde, kam in Antwerpen sicher auch die übliche Redensart vor: »Wir sind stolz auf diesen Sohn unserer Stadt.« Für solchen Kollektivstolz auf einen bedeutenden Künstler, dessen Wirkungsstätte ebenso gut irgendwo anders hätte sein können, ist eigentlich kein Anlass. Aber in Zeiten des breit strömenden Fremdenverkehrs kann man sich darüber freuen, mit den Spuren, die der große Maler hinterlassen hat, eine Attraktion zu besitzen. Wenngleich Rubens in der damaligen (europäischen) Welt weit herumgekommen ist, hier in Antwerpen hatte er, nach seinen Lehrjahren als Kopist am Hofe des Fürsten von Mantua und in Madrid, seine Werkstatt – richtiger ist beinah: seine Bilderfabrik. Von dort kam auch vieles heraus, woran Rubens selbst nur wenig getan, manchmal nur seinen Namenszug daraufgesetzt hatte. Rubens passt gut in diese lebensvolle, sinnenfrohe und geschäftige Stadt, er ist ein echter Antwerpener; der Höhepunkt seiner Arbeit fiel in die Zeit der Gegenreformation, als auch die Kirche bestrebt war, ihr düster-bedrückendes Bild der Vergangenheit aufzuhellen und der Lebensfreude mehr Raum zu geben. Sie wurde im christlichen Flandern nie missachtet. Dieses Volk brauchte auf die Öffnung durch das Zweite Vatikanische Konzil nicht erst zu warten.

Und warum ist der große Antwerpener Maler in Siegen in Westfalen geboren? Das war eine Folge der Religionskriege, in die sein Lebensschicksal eng eingebunden ist. Aus dem ganzen heutigen Belgien, besonders aber aus Antwerpen, sind damals viele Menschen vor den Verfolgungen geflohen. Vater Rubens war in der Stadt Gemeindeschöffe, ein Amt, das einem deutschen Magistratsmitglied entspricht. Er hatte einen juristischen Doktorgrad und dazu in Rom einen in kanonischem Recht erworben. Er scheint einige Zeit geschwankt zu haben, auf welche Glaubensseite er sich schlagen sollte. Jedenfalls hat er das Todesurteil für einen Protestanten mitunterzeichnet. Dann geriet er aber doch in Verdacht, zu den »Ungläubigen« zu gehören. Im Jahre 1568, als in Brüssel auf der Grand' Place die Grafen Egmont und Hoorn auf Befehl des spanischen Herzogs Alba hingerichtet wurden, floh Vater Rubens mit seiner Familie nach Köln. Er hatte einen Schutzbrief des Fürsten von Oranien bei sich, der ihm »wichtige private Geschäfte« bescheinigte. Wilhelm von Oranien hatte sich im Gegensatz zu den beiden hingerichteten Grafen rechtzeitig in die nördlichen Provinzen abgesetzt und lenkte den Widerstand von dort aus weiter.

Peter Paul war zu dieser Zeit noch nicht geboren, und es fehlte nicht viel, er hätte das Licht der Welt nie erblickt. In Köln nämlich begann eine fürstliche Ehekrise; dort lebte die Gemahlin des Oraniers, eine geborene Anna von Sachsen, mit ihren vier Kindern. Vater Rubens war Rechtsberater der Fünfundzwanzigjährigen geworden. Der Fürst war ständig auswärts »mit Heldentum beschäftigt«; und so zog Rubens auch in ihr Schlafgemach ein. Sie bekam wieder ein Kind. Die Fürstin leugnete, aber Rubens gestand, dass er der Vater war,

obgleich er als Jurist wusste, dass ihn die Todesstrafe erwartete. Er legte nur Wert darauf, zu den höheren Ständen zu gehören, und bat deshalb, geköpft anstatt gehenkt zu werden.

Die Fürstin zog sich nach Siegen zurück, Rubens wollte ihr
folgen, wurde aber auf dem Weg verhaftet und ins Gefängnis geworfen. Seine Frau hielt weiter zu ihm. Sie hat sogar am
Kindbett der Geliebten ihres Mannes gesessen, und beide
Frauen bemühten sich darum, Rubens aus der Haft zu befrei-
en. Es gelang schließlich. Er durfte bei seiner Familie leben,
sich aber nicht in der Kirche oder auf der Straße sehen lassen.
Seine Frau verzieh ihm, und nach dieser Versöhnung wurden
noch zwei Söhne geboren, 1577 der jüngere: Peter Paul.

Zehn Jahre später kehrte die Mutter mit den Kindern nach
Antwerpen zurück. Der Vater war gestorben. Die Oranier hatten ihn immer wieder bedroht, wollten Geld von ihm, das er
nicht hatte. Hing damit der Wunsch zusammen, wieder nach
Antwerpen zu ziehen? Die Stadt war seit zwei Jahren endgültig in den Händen der Spanier. Die Mutter schärfte den Kindern ein, sie sollten dort nichts von alledem, was der Vater
erlitten hatte, erzählen. Sie sollten einfach sagen, sie seien in
Köln geboren – und katholisch. Die couragierte Mutter, die
das alles ertragen hatte, ließ auf den Grabstein in der Kölner
St. Peterskirche schreiben: »Jean Rubens verließ, als der Bür-
gerkrieg ausbrach und der Aufruhr tobte, um seiner Ruhe willen freiwillig das Land, dem er in der Verwaltung gute Dienste
geleistet und voller Eifer für das Recht eingetreten war. Seine
Frau, die ihm sieben Kinder schenkte, mit der er sechsundzwanzig Jahre in Eintracht lebte, ohne ihr je Anlass zu Klagen
gegeben zu haben, ließ dieses Grabmal zu Ehren ihres viel geliebten und hochachtbaren Gemahls errichten.«

Wie sah es in Antwerpen aus, als die Mutter mit den Kindern nach all den Kriegswirren zurückkam? Darüber gibt es
zwei sehr verschiedene Berichte. Einmal heißt es: »Die Gassen

waren tot und leer so wie die meisten Häuser. Auf den Straßen wuchs das Gras, und Pferd und Wagen waren kaum zu sehen.« Ein anderer Bericht erzählt: »Nun endlich blüht der Katholizismus wieder auf. Zehn Mönchsorden kamen zurück nach Antwerpen. Neue Kirchen wurden gebaut und Bilder dafür bestellt. Die Jesuiten erhielten wieder die großen Ämter und das dazugehörige Geld.«

Die Jesuiten, die über Geld verfügten, um in Antwerpen Kirchen und Konvente wieder aufzubauen, werden später für Peter Paul Rubens wichtige Auftraggeber sein. Er trat sogar einer dem Orden verbundenen Laiengesellschaft bei. Noch sind wir aber nicht so weit. Der Junge wurde als Page zu einer Gräfin in der Umgebung Antwerpens geschickt. Dort fand er Gefallen am Nachzeichnen der vielen Bilder an den Wänden. Als er zurückkam, kündigte er der Mutter an, er wolle Maler werden. Das Malen war damals ein Kunsthandwerk, das man wie jedes andere von der Pike auf lernen musste. Wer ein echter Künstler werden wollte, musste Talent besitzen, aber auch Fleiß gehörte dazu. Den brachte Rubens mit. Die Lehrzeit bedeutete für ihn »Pinsel auswaschen« und schließlich das Kopieren: Landschaften, biblische Szenen, Porträts. Der Besitz von Kopien großer Meister galt in jener Zeit beim Bürgertum als Wohlstandssymbol

Nach drei Jahren wurde Rubens in die Antwerpener Malergilde Sankt Lucas aufgenommen. Einer seiner Lehrmeister hatte in ihm aber die Sehnsucht nach dem Italien des Barock geweckt. Dort wollte er hin. Italien war das Mekka der flämischen Maler. Die Mutter machte es möglich, indem sie ein Haus verkaufte.

Rubens vollbrachte eine Symbiose zwischen niederländischer und italienischer Kunst, er verband italienischen und flämischen Barock. Auch Pieter Breughel war südlich der Alpen gewesen; er blieb jedoch danach seinen Lieblingsthemen treu, der flämischen Landschaft und ihren Menschen. Rubens erlebte in Spanien die Prachtentfaltung der Kirche im Zeichen der Gegenreformation und brachte etwas davon mit nach Antwerpen.

Hier kann nicht die ganze Lebensgeschichte von Peter Paul Rubens und auch nicht seine ganze künstlerische Bedeutung dargestellt werden; es geht um den Antwerpener, den Künstler und Geschäftsmann, der sich seiner Umwelt anpasste und der schon nach dem Motto der heutigen Marktwirtschaftler handelte: »Verkaufen muss man können«, nicht nur die eigenen Bilder, sondern auch sich selbst. Von dem in Brüssel residierenden Herzog Albert und seiner Gemahlin Isabella – der gestrenge Herzog Alba war inzwischen nach Spanien zurückgerufen – hatte Rubens schon in Italien seinen ersten selbstständigen Auftrag bekommen. Jetzt wurde er Hofmaler. Aus seiner Werkstatt verkauft er Bilder an Adlige und wohlhabende Bürger in allen Ländern Europas und wird auch an andere Fürstenhöfe geladen, um Porträts zu malen.

Mit seiner überschwänglichen bildnerischen Gestaltungskraft erfüllt er alle Wünsche. Der Brief an einen Interessenten wirkt wie eine Art von Verkaufskatalog: »Folgende Bilder, eingerollt und gut in Holzkisten verpackt, können in Kürze geliefert werden: eine Schlacht zwischen Griechen und Amazonen, eine Geburt Christi, einige Porträts berühmter Männer verschiedener Art, einmal Lot, der mit seiner Familie Sodom verlässt, eine Susanna, eine Madonna mit Jesuskind … «

Die Werkstatt arbeitete also auf vollen Touren und hatte sogar etliche Bilder auf Lager. Rubens überließ vieles seinen Meistern, unter denen es schon eine spezialisierte Arbeitsteilung gab. Der Sohn Pieter Breughels, der später als Samt-Breughel bekannt wurde, war für Landschaften und für Tuche zuständig, Frans Snyder für Tiere und Stillleben, Anthonis van Dyck für Porträts; auch die Lehrlinge wurden beteiligt, und

Rubens gab dem Ganzen den letzten Pfiff – und kümmerte sich persönlich um die Buchhaltung des ganzen Unternehmens. Manchmal überstieg die Fülle der bildhaften Allegorien das Verständnis der Empfänger, denn nicht alle kannten so gründlich die griechische Mythologie wie der Maler. Von einem Königshaus erhielt Rubens eine Anfrage nach Einzelheiten, wobei man sich fast wundern muss, dass sich der Meister selbst in diesem großen Betrieb so genau der Einzelheiten entsann:

»Die Hauptfigur ist Mars, der aus dem Janustempel stürzt; Eure Herrlichkeit wissen, das römische Gesetz schreibt vor, dass dieser Tempel in Friedenszeiten geschlossen bleibt. In vollen Waffen nähert sich Mars mit blutigem Schwert dem Volk und bedroht es mit großem Schrecken, während Venus, seine Geliebte, von Amor und den Genien begleitet, sich bemüht, ihn mit Küssen und Umarmungen zurückzuhalten. Auf der anderen Seite zieht die Furie Alecto, die eine Fackel in der Hand hält, Mars von Venus fort. Auf beiden Seiten der Götter sieht man die unzertrennlichen Gefährten des Krieges, die Pest und den Hunger. Auf der Erde ruht eine Frau, deren Leier zerbrochen ist, es ist die Harmonie, die mit der Zwietracht und dem Krieg nicht leben kann. Man sieht auch eine Mutter, ein Kind auf dem Arm, als Zeugnis, dass Fruchtbarkeit, Mutterschaft und Menschenliebe durch den Krieg erwürgt werden.

Eure Herrlichkeit finden auch einen gestürzten Architekten mit seinen Instrumenten, denn was der Frieden aufbaut, die Schönheit und Eleganz der Städte, zerstört die Gewalt der Waffen und macht sie zunichte. Weiter wird Eure Herrlichkeit, wenn mein Gedächtnis mich nicht täuscht, auf dem Boden, unter den Füßen des Mars, ein Buch und Zeichnungen finden. Ich wollte damit zeigen, dass der Krieg die Literatur und die schönen Künste vernichtet. Man sieht auch eine Frau in Trauer mit verschleiertem Gesicht, ohne Schmuck und Putz. Sie ist das unglückliche Europa, das seit vielen Jahren unter unzähligen Plünderungen, Verheerungen, Unglück und unsagbarem Schmerz für jeden von uns leidet. Sie hält die Weltkugel, die gleichfalls von einem Engel oder einem Genius gestützt wird, und über allem sieht man das Kreuz als Symbol der Christenheit.«

Aus dieser Beschreibung erfährt man, wie sehr Rubens seit seiner Jugend unter den ständigen Kriegen gelitten hat. Als er mit dreiundsechzig Jahren starb, war der Friede von Münster und Osnabrück, der den Dreißigjährigen Krieg beendete, noch nicht geschlossen. Vielleicht war dies ein Anstoß für Rubens, sich auch als Diplomat anzubieten. Der Porträtmaler war an den Höfen wohlgelitten, vielleicht, weil er noch das hässlichste Gesicht verschönte und adelte. An dem Bild seiner Söhne, als sie sechs und elf Jahre alt waren, spürt man den Wunsch des Vaters, seine Kinder »aristokratisch« zu sehen. Ähnlich machte er es mit den Großen; wenn er sie malte, prägte er ihnen seine Vorstellung von Ästhetik und Größe auf – und da die Mächtigen eitel sind, hatte er damit Erfolg. Er war aber auch ein gebildeter Mann, der Informationen sammeln und wiedergeben konnte; das machte ihn während des Malens zu einem beliebten Unterhalter. So glaubte er schließlich, seine Dienste als Diplomat anbieten zu können. Dabei hielt er innerlich Abstand zu allen Höfen, mit denen er in Verbindung stand. In einem Brief schreibt er: »Es ist sicher besser, dass die jungen Leute, auf denen heute das Schicksal der Welt ruht, sich besser verstehen und Freunde sind, anstatt die ganze Christenheit mit ihren Launen durcheinanderzubringen!« Diese »jungen Leute« waren Karl I. von England, Ludwig XIII. von Frankreich und Philipp IV. von Spanien. Keiner von ihnen war zu dieser Zeit älter als sechsundzwanzig Jahre.

Ob Rubens sich einem der Länder besonders verpflichtet fühlte? Vielleicht wäre er am liebsten Botschafter für Spanien gewesen, aber es gibt Briefe, in denen er gleichzeitig dem englischen und dem spanischen Thron schmeichelt. Jedenfalls erreichte es Rubens, am Ende seiner Bemühungen um eine politische Rolle, zum ersten Mal offiziell als spanischer Botschafter nach England geschickt zu werden. Es ging darum, den Krieg beizulegen, der seit Elisabeth I. und Philipp II. andauerte. In England führte in Wirklichkeit ein zwielichtiger Mann namens Buckingham die Regierung, dem der Ruf nachging, dass er zwar Kriege anzetteln, es aber nicht fertigbringen konnte, sie zu beenden. Der spanische König wusste, dass Rubens zu diesem Mann gute Beziehungen hatte. Als indes die Lage sich verschärfte, weil dieser Buckingham ermordet wurde, schickte Spanien doch einen »echten Diplomaten« nach London.

Rubens war das ganz recht. Einen wahren Erfolg hat er als Diplomat nicht gehabt, und allmählich ist er dieser Arbeit müde geworden. Er möchte zurück nach Antwerpen und sich wieder ganz der Malerei widmen. Seine Lebenskraft ist ungebrochen; er heiratet ein junges Mädchen von sechzehn Jahren, Helene Fourment. Es stört ihn nicht, dass viele seiner Bekannten sich wegen dieser Heirat über ihn lustig machen. Er will nach den Jahren des starren Hofzeremoniells mit dieser jungen Flämin wieder zu sich kommen und jung werden. Aus seinen vielen Bildern sieht man, dass sie für ihn der Inbegriff von Weiblichkeit ist, üppig, strahlend, mollig, rosig, mit dem durchsichtigen Teint, den die Fläminnen häufig haben. Er malt sie in Samt und Seide, mit Federschmuck und Hütchen, wie eine Adlige herausgeputzt, und auch in ihrer jungen Nacktheit, die den Göttinnen des Olymps wohl ansteht. Rubens ist jetzt ein wohlhabender Mann, sein Leben ist nicht mehr so hektisch wie früher, und jetzt vertieft er sich zum ersten Mal auch als Maler in die flämische Landschaft, zu der er ja immer gehörte.

## René Magritte – Gedanken hinter den Bildern

Von Peter Paul Rubens zu René Magritte (1898–1967)? Ist irgendein Vergleich zwischen diesen beiden Malern überhaupt sinnvoll, denn fast vierhundert Jahre liegen zwischen beiden. Die Zeit hätte stillgestanden, wenn die bildende Kunst nicht ganz neue Ausdrucksformen gefunden hätte. Zwischen den beiden Menschen und den beiden Künstlern sind größere Gegensätze nicht vorstellbar. Magritte sagt übrigens von sich, dass er weniger Maler als Denker sei.

Rubens war zu seinen Lebzeiten ein Maler der herrschenden Kreise, des Adels, der Kirche, des wohlhabenden Bürgertums. Er passte sich seiner Kundschaft an; er liebte das aristokratische Leben. Und bis in die Mitte unseres Jahrhunderts hinein gehörte er, wie alle anderen großen Maler des Barock, zum sogenannten Bildungsgut unserer Schulen. Wo seine Werke in Kirchen und Museen hängen, sind in den Reiseführern die Städte mit Sternen gekennzeichnet. Ein Zufall kann es aber kaum sein, wenn in ebendiesem Belgien, das durch die flämische Malerei bekannt ist, die neue Zeit mit einer revolutionären Strömung in den Künsten ihren besonderen Ausdruck gefunden hat: Der belgische Surrealismus wurde zu einem kunsthistorischen Begriff, abgesetzt von der ursprünglich in Frankreich entstandenen Bewegung. »Ließ man bei den französischen Surrealisten seiner Unvernunft freien Lauf, wie einer seine Hunde in die abendliche Natur schickt, so führten die Brüssler ihre Vernunft an der Leine wie der Bürger, der um die Mittagszeit mit Hektor ausgeht. Das änderte jedoch nichts an der Tatsache, dass beide Gruppen von dem gleichen Geist der Subversion getragen waren.« (Aus dem Katalog der Ausstellung *René Magritte und der Surrealismus in Belgien* im Frühjahr 1982 im Hamburger Kunstverein.)

René Magritte stammt aus dem französischsprachigen,

südlichen Belgien, wie die meisten Künstler der belgischen Surrealistengruppe. Auch der zweite, weithin bekannte Maler dieser Richtung, Paul Delvaux, ist dort geboren. Magritte hat gewissermaßen noch einen Kinderfuß im auslaufenden 19. Jahrhundert. Sein Geburtsort Lessinne liegt im Kohlen- und Industriegebiet der Provinz Hainaut zwischen Mons und La Louvière, also nicht weit von der französischen Grenze. Da wuchs er natürlich in einem anderen geistigen und sozialen Klima auf als Rubens in den bürgerlichen Kreisen Antwerpens. Zu Beginn des Ersten Weltkriegs war Magritte gerade fünfzehn Jahre alt. Den Zweiten erlebte er in seinen Vierzigern, auf der Höhe der Lebenskurve. Das alles hat ihn geprägt.

Er besuchte die Akademie der Schönen Künste in Brüssel, wurde Musterzeichner in einer Tapetenfabrik, verdiente seinen Lebensunterhalt mit dem Entwurf von Plakaten und Reklamezeichnungen, unter anderem für ein Brüssler Modehaus, und mit Zeichnungen für einen Pelzkatalog 1928. Er macht Bekanntschaft mit dem französischen Surrealismus, auch mit den Bildern des italienischen Malers de Chirico, und verbringt 1929 seine Sommerferien in Spanien bei Salvador Dali.

Surrealismus gibt es in Dichtung, Malerei und Musik. Der Zusammenschluss der belgischen Surrealisten als künstlerische und politische Gruppe geht auf einen Biochemiker zurück, Paul Nougé, der selbst schreibt und dichtet. Alle verstehen sich als Veränderer der politischen und gesellschaftlichen Verhältnisse. Wie Magritte das sah, hat er 1936 in seinem Vortrag *Die Lebenslinie* in Antwerpen dargelegt (er ist vollständig in Magrittes *Sämtliche Schriften* enthalten):

»Tatsächlich sind wir nur die Objekte dieser angeblich zivilisierten Welt, wo Intelligenz, Niedertracht, Heldentum und Dummheit sehr gut miteinander auskommen und abwechselnd aktuell sind. Wir sind die Objekte dieser zusammenhanglosen und absurden Welt, in der man Waffen herstellt, um den Krieg zu verhindern, in der die Wissenschaft sich dazu hergibt, zu zerstören, aufzubauen, zu töten, das Leben der Sterbenden zu verlängern, in der die verrückteste Aktivität sich selbst zuwiderhandelt ... Diejenigen, die von dieser Unordnung leben, streben danach, sie zu befestigen, und so tragen sie, indem sie das alte Gebäude auf ihre sogenannte ›realistische‹ Art übertünchen, dazu bei, seinen bevorstehenden Einsturz zu beschleunigen. Andere Menschen, zu denen ich mich mit Stolz zähle, wollen trotz der Utopie, derer man sie beschuldigt, bewusst die proletarische Revolution, die die Welt verändern wird. Bis dahin müssen wir uns wehren gegen diese mittelmäßige Realität, wie sie sich gebildet hat in jahrhundertelangem Götzendienst für das Geld, für die Rassen, die Vaterländer, die Götter und, wie ich hinzufügen möchte, im Götzendienst für die Kunst.« Der geschäftstüchtige und anpassungsfähige Peter Paul Rubens fiele in dieser Philippika unter die Hauptangeklagten.

Diese surrealistischen Gesellschaftskritiker befanden sich in einer ähnlichen Lage wie die französischen Kontestateure von 1968 und alle intellektuellen Bewegungen, die in ihrem Gefolge in anderen Ländern aufkamen. Sie suchten Halt bei der politischen Kraft, die bis dahin die »bürgerliche Unordnung« am entschiedensten und mit einer wissenschaftlichen Grundlage angegriffen und infrage gestellt hatte: dem Marxismus. Und so träumten sie von der proletarischen Revolution, obgleich zwischen den beiden Kriegen und ganz besonders nach dem Zweiten Weltkrieg aus diesem Proletariat mehr und mehr eine verbürgerlichte Arbeiterschaft wurde. Die Damaligen wie die Heutigen mussten erkennen, dass ihre Sprache und ihre künstlerischen Ausdrucksmittel am wenigsten von denen verstanden wurden, auf die sie ihre Hoffnung setzten. Diese intellektuellen Zirkel mussten allesamt erleben, dass sie sich durch ihre kompromisslose Haltung in Fragen der Doktrin spalteten, dass es »Abweichler« und Verfechter der »reinen Lehre« gab. Auch Magritte war zeitweilig der Kommunistischen Partei Belgiens beigetreten, die sein Freund und Förderer Nougé als Sektion der Dritten Internationale gegründet hatte. Gerade einen Künstler wie ihn, der durch seine skurrilen Kompositionen die Menschen zum Denken anregen wollte, musste es schwer enttäuschen, als das Land der siegreichen »proletarischen Revolution« in der bildenden Kunst den »sozialistischen Realismus« auf den Thron hob. Auch dort war die Kunst also »korrumpiert«. »Die Natur, die auszulöschen der bürgerlichen Gesellschaft nicht völlig gelang, schenkt uns den Zustand des Traums, der unserem Körper und unserem Geist die Freiheit gibt, die sie unbedingt brauchen«, sagt Magritte in seiner *Lebenslinie*. Der Realismus der sozialistischen Revolution ließ keinen Platz zum Träumen.

Magritte erzählt: »Ich besaß einige technische Fertigkeiten in der Kunst des Malens, und in der Isolation machte ich Versuche, die sich absichtlich von allem unterschieden, was ich in der Malerei kannte. Ich empfand die Lust an der Freiheit, indem ich die unkonventionellsten Bilder malte.« Die technischen Fertigkeiten besaß er gewiss. Damit hätte er sich gut auch für den sozialistischen Realismus korrumpieren lassen können. In einem Interview mit einer belgischen Zeitung erklärte er, was es für ihn heißt, Surrealist zu sein: »… jede Erinnerung an das, was man gesehen hat, auszuschalten und immer auf der Suche nach dem zu sein, was noch niemand gesehen hat.« Ein anderes Mal erklärt er von sich: »Für mich geht es nicht um Malerei, sondern um Denken« – »Meine Gemälde ähneln Gedanken. Malerei ist ein Denken, das sieht.«

Magritte wurde einmal gebeten, sein Leben in höchstens zehn Zeilen zu schildern. Er antwortete: »Zehn Zeilen sind mir zu viel«, und verzichtete ganz. Bis auf drei Jahre, die er in Frankreich verbrachte, lebte er in Brüssel, in der Innenstadt, zurückgezogen und ohne allen Aufwand als, wie er sagte, *Monsieur tout le monde*. Er gab sich als Revolutionär durch seine Kunst, wollte aber nichts Neuartiges und Modernes in seiner Wohnung sehen. Er liebte auch keine großen Reisen. Einmal soll er nach einem Besuch der Uffizien in Florenz gesagt haben: »Nicht übel, aber auf Ansichtskarten ist das besser.«

Man kann ihn nicht mit dem heutigen Begriff eines Alternativen belegen; aber umgekehrt war sein privates Leben die »Alternative« zu seiner Kunst, die alles auf den Kopf stellen wollte.

In Belgien gibt es viele Zeugnisse für einen Aufbruch in die Moderne, doch oft schlagen auch Flecken aus dem vorigen Jahrhundert durch die neue Farbe. In der Kunst ist alles möglich. Magritte ist angenommen, er gehört dazu. Er hat übrigens das Markenzeichen der Luftfahrtgesellschaft Sabena entworfen: eine stilisierte Möwe auf lichtgrauem Untergrund. Vor ihm hatte Henry van de Velde, der auch den Deutschen Werkbund und das Bauhaus beeinflusst hatte, der belgischen Staatseisenbahn ihr Kennzeichen, ein Jugendstil-»B«, geliefert, das noch heute gilt.

# Jacques Brel – Wenn nur die Liebe bleibt

*Rob Kieffer*

In einem abgedunkelten Raum flimmert ein grobkörniger Film über die Leinwand: Brels Abschiedskonzert 1966 im Pariser Olympia. Der schlaksige Liedermacher schneidet Grimassen, schwitzt, hüpft, fuchtelt wie ein Hampelmann mit den Armen, dreht sich im Walzertakt, singt von untreuen Matrosen in Amsterdam, von Säufern und Nutten, bigotten Fläminnen, spießigen Advokaten und stupiden Soldaten, von der ewigen Liebe und vom einsamen Sterben. Viele dieser Texte, darunter *Quand on n'a que l'amour, Wenn uns nur die Liebe bleibt,* oder *Ne me quitte pas, Bitte geh nicht fort,* sind Chansonkult, wurden interpretiert von Joan Baez, Shirley Bassey, Frank Sinatra, David Bowie, in Deutschland von Klaus Hoffmann.

In einer Dauerausstellung wird in der Fondation-Editions Jacques Brel, gelegen an der Brüsseler Place Vieille Halle aux Blés, an den »großen Jacques« erinnert. Die belgische Hauptstadt war dem Chansonnier ans Herz gewachsen. Nicht ohne Grund. »Jacques ist hier geboren, hatte seine ersten Auftritte. Mit der Tram der Linie 33, die er später besungen hat, entdeckte er in jungen Jahren alle Ecken Brüssels. Keine Stadt war ihm so ans Herz gewachsen«, erzählt seine 57-jährige Tochter France

Brel, die selbst im Vorort Uccle lebt und das Erbe des Sängers verwaltet. Dass sie beharrlich »Jacques« sagt und nicht »mein Vater«, hat damit zu tun, dass seine Ehefrau und die drei Töchter ihn gar nicht so oft zu sehen bekamen. Bis zum Umfallen auf monatelanger Tournee, Amouren und Liaisons nie abgeneigt, war Brel für seine Kinder nicht der sorgende Papa, sondern der vergötterte Star, den sie hauptsächlich von der Bühne her kannten.

Von draußen sieht man das Licht schwerer Kronleuchter durch die Vorhänge schimmern. Die schmiedeeisernen Balkongeländer zieren geschwungene Jugendstilornamente. An den Türen hängen Messingschilder, die diskret auf Arztpraxen und Notarkanzleien hinweisen. Wie damals, als Jacques Brel hier geboren wurde und noch der kleine Jacky war, strahlt das Viertel Schaerbeek den verhaltenen Charme der Brüsseler Bourgeoisie aus. Brels Vater war in der belgischen Kolonie Kongo reich geworden, hatte sich aber an der Börse verspekuliert, mit der Übernahme einer Kartonagefabrik kam er dann erneut zu Wohlstand. Am Haus Nummer 138 der Avenue du Diamant ist eine Tafel befestigt: »Hier wurde Jacques Brel (1929–1978) geboren. Er besang das flache Flandernland, die Alten, die Zärtlichkeit, den Tod. Aufrecht hat er sein Leben gelebt, und der Poet lebt immer noch.« Ein siebzehnjähriges Mädchen hat diese schüchterne Würdigung verfasst. Anlass war ein Schülerwettbewerb.

Das Geburtshaus hält nicht für Besucher geöffnet. Aber Monsieur Borremans, der Notar, der hier seine Büros hat, sagt verständnisvoll: »Ich habe mich nicht nur an Brel-Fans gewöhnt, die vom Bürgersteig aus sämtliche Details der Fassade ablichten, sondern auch an jene, die Nelken in den Briefkasten werfen oder Rosen an der Erinnerungsplakette anbringen.«

Eigentlich hätte Brel gemeinsam mit seinem Bruder Pierre

das väterliche Unternehmen übernehmen sollen, doch, so erzählt seine Tochter, »das Bearbeiten von Bestellungen für Wellpappe interessierte ihn überhaupt nicht. Der Griff zur Gitarre war für ihn wie eine Flucht vor dem kleinbürgerlichen Mief.« Später, als er alle Höhen erreicht hatte, flüchtete »der ewige Nomade«, wie seine Tochter France ihn nennt, vor der Routine der One-Man-Shows, vor Interviews, Würdigungen. Brel lernte segeln, lief eines Tages die Marquesa-Insel Hiva-Oa in Polynesien an und ließ sich dort mit seiner Lebensgefährtin Maddly nieder. Mit neunundvierzig Jahren starb er an Lungenkrebs und wurde gleich neben dem Grab des Malers Paul Gauguin bestattet.

Im Herzen von Brüssel, unweit der Grand' Place, hatte er seine ersten Auftritte. In den Königlichen Galerien, der großen Einkaufspassage, gab es in den Fünfzigerjahren des vergangenen Jahrhunderts neben den Spitzenklöppel- und Pralinengeschäften verrauchte Varietétheater wie das Blue Note, das heute nicht mehr existiert. Hier bestritt der Troubadour mit dem unverkennbaren belgischen Akzent das Vorprogramm. Nach dem Konzert zechte dann »Brels Bande«, die Musiker, die Kumpels, die Mädchen, bis zum Sonnenaufgang in den Kneipen und Tavernen des Îlot Sacré, dem von lauter Fressgassen aufgeblähten Bauch von Brüssel. »Damals konnte man einfach ein Bier trinken und mit den Leuten schwatzen«, sagt die Besitzerin eines Souvenirgeschäfts und sehnt sich nach der alten wie turbulenten Zeit. Dann senkt die Frau die Stimme: »Heutzutage muss man verdammt auf der Hut sein, um nicht übers Ohr gehauen zu werden.« Die Gassen sind fest in der Hand von Geldwäscherclans, munkelt nicht nur sie. Vor den Restaurants im Umfeld der Rue des Bouchers, die mit verführerisch arrangierten Pyramiden aus Fisch und Meeresfrüchten locken, werden die Passanten von Türstehern am Ärmel gezupft: »Herrschaften, kehren Sie ein! Aperitif und Dessert sind gratis!« So mancher Gast hat sich danach über eine rätselhafte, überteuerte Rechnung gewundert.

Jacques Brel bevorzugte die Traditionsadressen. Er pflegte etwa in der Taverne du Passage zu speisen oder im Aux Armes de Bruxelles mit seinen schnauzbärtigen, grau melierten Kellnern in kapitänsähnlichen Epauletten-Jacken. Kam er von einer Tournee zurück, führte Brel seine Familie mit Vorliebe ins Chez Vincent in der Rue des Dominicains aus. Die Steaks, die dort meisterhaft gegrillt und flambiert werden, hängen zur Ansicht noch roh am Fleischerhaken. France Brel erinnert sich an die seltenen Restaurantbesuche: »Wir Töchter tranken Grenadine und waren stolz, wenn Jacques vom Patron und sämtlichen Kellnern persönlich begrüßt wurde. Ich weiß noch, dass er besonders gern Garnelenkroketten und Aal grün auf flämische Art aß.«

Die Mort Subite in der Rue Montagne-aux-Herbes-Potagères zählte zu Brels Stammkneipen. Der Name bedeutet »plötzlicher Tod«, hat aber nichts mit der betäubenden Wirkung des säuerlichen Gueuze-Bieres zu tun, das hier ausgeschenkt wird. Die Bezeichnung stammt von einem Kartenspiel. Die Wirtsstube mit den milchigen Kugellampen, den Plakaten von Fassroll-Meisterschaften und der alten Telefonzelle steht unter Denkmalschutz. An den groben Holztischen glaubt man Charaktere zu sehen, wie Brel sie in seinen Liedern besingt: Jef, der seinen Liebesschmerz im Suff ertränkt; die dralle Marieke, die irgendwo zwischen Brügge und Gent wohnt …

Einige Straßenbiegungen weiter, vorbei an Bauschuttcontainern und schwarzen Müllsäcken, lärmt die von breiten Avenuen durchfurchte Place de Brouckère, die Kulisse des Lieds *Bruxelles,* Brels fulminanter Hommage an seine Heimatstadt. Mit den Kinofassaden, von denen ein graugesichtiger Leonardo DiCaprio herabblickt, den Reisebüros, Metro-Ausgängen und Chicken-Fast-Foods hat der Platz heute mehr mit einem neongrellen Mini-Times-Square gemeinsam als mit dem von Brel besungenen stolzen Platz der Belle Époque, als es »in Brüssel brüsselte«, Pferdetrams fuhren, die Männer in Frack und Zylinder promenierten und die Frauen in ihren Krinolinen kokettierten. Allenfalls der von schwelgerischem Art déco, marmornen Säulen, italienischem Stuck und tiefen Lederkanapees geprägte Hotelpalast Métropole aus dem Jahr 1870 vermittelt noch das plüschige Ambiente der Jahrhundertwende. Im Métropole logierte Brel, als er mit Annie Girardot *Die Bonnot-Bande* drehte. Nachdem er seine Gesangskarriere beendet hatte, arbeitete Brel genauso rastlos als Filmschauspieler und -regisseur.

In seinem Lied *Bruxelles* kommt auch die Place Sainte-Catherine vor. Sie wird viel besucht wegen ihrer Fisch- und Miesmuschelrestaurants. Die Place Sainte-Justine sucht man auf dem Stadtplan vergeblich. France Brel lacht sich halb kaputt: »Es gibt unzählige Brel-Anhänger, die nicht wahrhaben wollen, dass es nie eine Place Sainte-Justine gegeben hat. Jacques hat nämlich viele Namen von Personen und Orten erfunden, weil sie sich gut reimten.« Die Brüsseler Stadtväter hindert es nicht daran, ernsthaft darüber nachzudenken, ob sie nicht zu Ehren des berühmten Sohns einen Platz, und sei es auch nur einen ganz winzigen, in Place Sainte-Justine umtaufen sollen: Bei einer Beliebtheitsumfrage unter Brüsselern landete Brel auf dem ersten Rang. Noch vor Tintin-Vater Hergé und der Radsportlegende Eddy Merckx.

# Lumumbas letzte Tage

*Andrea Böhm*

Das Foto lässt einen so leicht nicht los. Eine Schwarz-Weiß-Aufnahme. Zwei Männer in weißen Hemden, umringt von Soldaten. Man ahnt, dass die beiden gefesselt sind, dem Gesicht des vorderen sieht man die Schläge an, eine Wange ist geschwollen, der Mann blickt schicksalsergeben ins Leere. Dem anderen reißt ein Soldat im Moment der Aufnahme die Arme nach oben, vermutlich um die Fesseln fester zu ziehen. Ein anderer hat ihn am Haarschopf gepackt. Er will den Gefangenen zwingen, in die Kamera zu sehen, als ob dieser seiner eigenen Machtlosigkeit erst gewahr werden müsste. Patrice Lumumba hat zu diesem Zeitpunkt wohl gewusst, dass ihm der Tod bevorsteht. In seinem Gesicht ist keine Angst zu erkennen, nur ein Ausdruck indignierter – man könnte auch sagen: entrückter – Verbitterung.

Wenige Tage zuvor, am 27. November 1960, hatte er abends bei strömendem Regen zum letzten Mal seine Residenz in der kongolesischen Hauptstadt Léopoldville verlassen, versteckt auf dem Boden eines Chevrolet, mit dem normalerweise sein Dienstpersonal abgeholt wurde. De jure war er immer noch Premierminister, der erste demokratisch gewählte seines Landes, das gerade erst unabhängig geworden war. De facto war er ein Gefangener seiner politischen Gegner, die ihn unter Hausarrest hielten. Nun versuchte er den Ausbruch. Sein

Ziel: Stanleyville, das heutige Kisangani, am Kongo-Fluss, eine Hochburg seiner Anhänger, etwa tausendfünfhundert Fahrtkilometer entfernt. Er kam dort nie an. Seine Flucht und sein Leben endeten wenige Wochen später in der Provinz Katanga.

Das Drama beginnt am 30. Juni 1960, dem Tag, an dem der Kongo seine Unabhängigkeit von Belgien erlangt. Dem Tag, an dem Lumumba sich mit einer Rede im Palast der Nation auf die Bühne der Weltpolitik katapultiert. Der Palast am Ufer des Kongo-Flusses, eigentlich als Residenz für die belgische Königsfamilie gebaut, ist in aller Eile zum Sitz des neuen kongolesischen Parlaments umgerüstet worden. Belgiens König Baudouin I. trifft an diesem 30. Juni hier nicht mehr als Hausherr ein, sondern als Gast einer neuen Regierung, die kurz zuvor aus den ersten Wahlen hervorgegangen ist. Eine ungewohnte, höchst unliebsame Rolle: Getriebene einer historischen Entwicklung zu sein – in diesem Fall der afrikanischen Unabhängigkeitsbewegungen –, passt nicht zum Selbstbild europäischer Staatsoberhäupter.

Also erklärt der neunundzwanzigjährige Monarch in seiner Rede die Unabhängigkeit nicht zum Erfolg der Kongolesen, sondern zur großzügigen Geste einer großartigen belgischen Nation: »Die Unabhängigkeit des Kongo stellt den Höhepunkt des Werkes dar, welches vom Genie König Leopolds II. entworfen, von ihm mit zähem Mut umgesetzt und schließlich von Belgien mit Ausdauer fortgesetzt wurde. … Achtzig Jahre lang hat Belgien dem Kongo seine besten Söhne geschickt, zuerst, um das Kongo-Becken vom abscheulichen Sklavenhandel zu befreien, der die Bevölkerung dezimiert hatte; dann, um die einst verfeindeten Stämme zusammenzubringen, die nun den größten aller unabhängigen Staaten Afrikas ausmachen werden.«

Der Kongo unter belgischer Herrschaft – zuerst als Privatbesitz König Leopolds II., dann als Kolonie Belgiens – war nach Brüsseler Lesart ein Zivilisierungsprojekt, das sich im Unterschied zur übrigen europäischen Kolonialpolitik durch besondere Fürsorge seitens der Kolonialherren ausgezeichnet hatte. *Dominer pour servir,* beherrschen, um zu dienen – so lautete ihr Selbstverständnis in den Vierziger- und Fünfziger-jahren. Der Tod von Millionen Afrikanern und die Plünde-rung des Landes unter dem »Genie Leopolds II.«, aber auch unter Führung des belgischen Staates, kamen in dieser Welt-sicht nicht vor.

Auch nicht in der von Baudouin, einem Urgroßneffen Leopolds. Er erwartet an diesem 30. Juni, dass die mit der Unabhängigkeit beschenkten Kongolesen sich dankbar zei-gen. Doch als Lumumba ans Mikrofon tritt, lässt er nicht nur Dankbarkeit vermissen. Er macht den Weißen den Anspruch streitig, die Geschichte seines Landes zu schreiben. Die Un-abhängigkeit als Geschenk? Kein Kongolese, sagt Lumumba, »der dieses Namens würdig ist, wird je vergessen, dass es der Kampf war, der sie uns bescherte«.

Vor der versammelten Weltpresse erhebt er Anklage. Nicht spontan. Ein Manuskript ist vorbereitet. Auch nicht mit Pa-thos und Wut, sondern in einem eigenartig ruhigen Ton. »Wir haben erleben müssen, dass man uns verhöhnte, beleidigte, schlug, tagaus, tagein, von morgens bis abends, nur weil wir Neger waren. ... Wir haben erleben müssen, dass man unser Land raubte, aufgrund irgendwelcher Texte, die sich Gesetze nannten, aber in Wahrheit nur das Recht des Stärkeren ver-brieften. ... Auch die Erschießungen, denen so viele unserer Brüder zum Opfer fielen, wird niemand von uns je verges-sen. ... All dies, meine Brüder, haben wir erlitten.«

Die Kongolesen im Saal stehen auf und spenden begeistert Beifall. Überall im Land, überall, wohin das Radio die Anspra-che überträgt, erheben sich die Menschen und klatschen, auch die Frauen, die zu erwähnen Lumumba nicht für nötig befindet. Zum ersten Mal hat ein Politiker seine Landsleute direkt als Angehörige einer Nation angesprochen – einer Nation, deren Zusammengehörigkeitsgefühl nicht auf gemeinsamer Sprache und Kultur beruht, sondern auf der gemeinsam erlittenen Kolonialzeit.

Man muss sich die Filmbilder dieses Auftritts ansehen, muss die fassungslosen, eisigen Mienen Baudouins und der ausländischen Diplomaten studieren, um zu begreifen, was diese Rede auslöste unter den Weißen in Léopoldville, aber auch in Brüssel, Paris, Lissabon, Washington. Ein »Schwarzer aus dem Busch« hatte in seltsam klingendem Französisch einem weißen Regenten von Angesicht zu Angesicht Gräueltaten vorgeworfen, den Ruhm der kolonialen Ära beschmutzt und dreist die Geschichte neu interpretiert.

Das war mehr als ein Eklat, das war eine Kriegserklärung. »Welch eine Anmaßung«, empörte sich die belgische Presse über Lumumba, den sie fortan als *sale nègre,* »dreckiger Neger«, titulierte. Im Weißen Haus in Washington, wo man fehlende Demut in der Dritten Welt sofort als Ausdruck kommunistischer Tendenzen deutete, wähnte man den Kongo mit seinen riesigen Rohstoffvorkommen nun in den Händen eines unberechenbaren »Negers«, der auch noch einen *goatee* trug, einen Ziegenbart. Das war die Mode der Beatniks, einer als subversiv und unpatriotisch geltenden Protestkultur. Lumumbas Bart wurde zu einer Obsession der amerikanischen Presse, zum physischen Beweis für Lumumbas »Moskauhörigkeit«.

Tatsächlich aber sprach der Mann mit dem Ziegenbart perfektes Französisch mit einem rollenden r, außerdem fließend Lingala und Swahili. Die Beatniks interessierten ihn so wenig wie Marx und Lenin. Und sein politischer Ziehvater befand sich nicht in Moskau, sondern in Accra, der Hauptstadt Ghanas.

Patrice Émery Lumumba war 1925 in einem Dorf im Kasai zur Welt gekommen. Er durchlief das koloniale Schulwesen, damals fest in der Hand belgischer Missionare, und machte Karriere, soweit ein Schwarzer in diesen Zeiten Karriere machen konnte. Schloss eine Ausbildung für den Postdienst ab. Erhielt 1954 die Carte d'Immatriculation, die ihn als *évolué* auswies, als »zivilisierten Neger«. Antragsteller mussten nachweisen, dass sie der Polygamie und der Hexerei abgeschworen hatten, außerdem lesen und schreiben konnten sowie mit Messer und Gabel aßen, also »von europäischer Zivilisation durchdrungen« waren. Bis kurz vor der Unabhängigkeit hatte die belgische Kolonialverwaltung tausendfünfhundert Kongolesen eine Carte d'Immatriculation ausgestellt. Was nach Meinung der Kolonialherren bedeutete: Die Mündel bedurften noch auf Jahrzehnte ihrer väterlichen Herren. Davon war auch Lumumba wie viele *évolués* lange überzeugt. »Belgiens Mission im Kongo ist im Grunde eine zivilisierende«, schrieb er 1956 in seinem posthum veröffentlichten Buch *Der Kongo, mein Land* und warnte vor zu viel Freiheit für »die unwissenden Massen«.

Lumumba hätte seine Rede zur Unabhängigkeit womöglich nie gehalten, wäre er im Dezember 1958 nicht für seine Partei, das Mouvement National Congolais, zur All-African People's Conference nach Accra geschickt worden. In Ghana, seit 1957 unabhängig, traf sich auf Einladung von Präsident Kwame Nkrumah alles, was in der antikolonialen Bewegung Afrikas Rang und Namen hatte. Lumumba kehrte mit einer dezidiert anderen Ansicht über Unabhängigkeit nach Hause zurück: Staatliche Souveränität war für ihn nunmehr ein Recht der Kongolesen, kein Geschenk der Belgier. Seine politische Radikalisierung brachte ihm Ende 1959 mehrere Monate Gefängnis und Folter ein.

Aber die Unabhängigkeit wurde schließlich weder erkämpft noch geschenkt – eher hastig hingeworfen. Im Januar 1959 war es in Léopoldville zu heftigen Unruhen mit mehreren Hundert Toten gekommen. Die belgische Öffentlichkeit begriff schockartig, dass ihre schwarzen »Kinder« im fernen Afrika mitnichten froh und zufrieden waren. Also ließ man die Kolonie in die Freiheit fallen.

Belgien hatte in den letzten Jahrzehnten seiner Herrschaft viel in die Infrastruktur des Landes investiert – und in ein rigides System der Apartheid: Am 30. Juni 1960 gab es im Kongo kaum mehr als ein Dutzend Universitätsabsolventen, kein kongolesisches Offizierskorps, keine einheimischen Fachkräfte für die öffentliche Verwaltung oder das Management von Bergwerken und Plantagen. Dafür gab es soziale Spannungen, innenpolitische Fraktionskämpfe und eine Exkolonialmacht, die gar nicht daran dachte, ihre Kontrolle über die größte Schatztruhe des Landes aufzugeben: Katanga, die Provinz im Südosten des Landes. Nicht dass es anderen kongolesischen Provinzen an Rohstoffen mangeln würde. Aber keine war und ist so reich an Kupfer, Kobalt, Uran wie Katanga. Und in keine andere Provinz hatten belgische Unternehmen so viel Geld gesteckt.

So rasch, wie die Unabhängigkeit über die Kongolesen gekommen war, so schnell ging sie in einer Kettenreaktion faktisch wieder verloren. Innerhalb von zwei Wochen meuterten kongolesische Soldaten gegen ihre belgischen Offiziere, worauf ein Massenexodus von Europäern einsetzte. Der diente wiederum als Rechtfertigung für eine Militärintervention der Belgier, die den katangesischen Politiker Moïse Tschombé, wegen seiner Bestechlichkeit auch »Monsieur Ladenkasse« genannt, zur Abspaltung ermunterten. Die von Lumumba zu Hilfe gerufenen UN-Truppen unternahmen zunächst nichts gegen den Sezessionisten, sondern erklärten sich zur neuen Ordnungsmacht in der Hauptstadt Léopoldville.

Denn auch die Führungsetage der Vereinten Nationen, die hier zum ersten Mal in ihrer Geschichte Blauhelme in einen Kampfeinsatz geschickt hatten, glaubte zu diesem Zeitpunkt an das Bild vom ewigen Chaos im Kongo, das amerikanische und europäische Medien in immer grelleren Farben malten. »Mit urzeitlichem Geheul«, schrieb das amerikanische Nachrichtenmagazin *Time* am 18. Juli 1960, »ist eine Nation von vierzehn Millionen Einwohnern in die Barbarei zurückgekehrt.« Und zwar durch das Wirken eines Regierungschefs, den der belgische Botschafter öffentlich mit »Luzifer« verglich.

Als Patrice Lumumba am Abend des 27. November 1960 in seinem Autoversteck aus Léopoldville flieht, hat er eigentlich schon verloren. Zwischen ihm und dem UN-Generalsekretär, dem Schweden Dag Hammarskjöld, ist es längst zum Bruch gekommen, denn Letzterer hat auch nichts gegen die Sezession einer zweiten Provinz, des Südkasai, unternommen. Die CIA plant, offenbar mit Billigung von US-Präsident Dwight D. Eisenhower, Lumumbas Ermordung, weil der auf eigene Faust die kongolesische Armee gegen Sezessionisten eingesetzt und dabei sowjetische Flugzeuge benutzt hat – die USA bat er zuvor erfolglos um Hilfe.

Zusammen mit den Belgiern hat die US-Regierung auch schon einen Mann gefunden, der das Problem lösen soll: Joseph Désiré Mobutu, zu diesem Zeitpunkt Stabschef der kongolesischen Armee. Er ist es, der Lumumba im September 1960 unter Hausarrest gestellt hat.

Mobutus Truppen nehmen nun zusammen mit den Belgiern die Verfolgung des Flüchtenden auf. Lumumba schafft es bis zum Sankuru-Fluss, ist schon fast auf sicherem, von seinen Anhängern kontrolliertem Territorium, da greifen Mobutus Soldaten zu. UN-Blauhelme sehen mit an, wie sie Lumumba mit Gewehrkolben traktieren, und schreiten nicht ein.

Martyrium. Ein großes Wort. Aber anders lassen sich Lumumbas letzte Tage kaum beschreiben. Er wird zusammen mit zwei Gefährten, Maurice Mpolo und Joseph Okito, zurück nach Léopoldville in ein Militärcamp gebracht, dort immer wieder zusammengeschlagen. Mobutu, einst sein Weggefährte, sieht den Misshandlungen eine Weile zu.

Inzwischen sind die Fotos vom zusammengeschlagenen Lumumba um die Welt gegangen. Washington befürchtet ein PR-Desaster. Die UN ernten wütende Proteste afrikanischer und asiatischer Delegationen, weil sie Lumumba nicht beschützt haben. Brüssel bereitet hektisch seine Überstellung an die Sezessionsregierung in Katanga vor, wo ihm ein kurzer Prozess gemacht werden soll. Damit wäre das Ganze eine Angelegenheit unter Afrikanern. Und es eilt, denn Lumumba gelingt es, Briefe nach draußen zu schmuggeln und Soldaten auf seine Seite zu ziehen. Es droht die Meuterei.

In Léopoldville wächst die Unruhe. Afrikanische Blauhelme der unteren Ränge protestieren laut gegen die Rolle der UN. Anhänger Lumumbas haben Stanleyville als Sitz der Zentralregierung ausgerufen, ihre Einheiten sind auf dem Vormarsch. Am 15. Januar 1961 veranlasst Belgiens Regierung, Lumumba, Mpolo und Okito nach Katanga zu fliegen. Während des Fluges schlagen betrunkene Soldaten die Gefangenen halb bewusstlos. »Mehr tot als lebendig« – so beschreibt ein belgischer Major den Zustand der Gefangenen bei der Ankunft auf dem Flughafen von Elisabethville, dem heutigen Lubumbashi.

Lumumba, Mpolo und Okito stehen noch mehrere Stunden Folter bevor, ausgeführt von Soldaten, von betrunkenen Ministern aus dem Kabinett des »Katanga-Premiers« Tschombé und von belgischen Offizieren. Dann, am 17. Januar, fährt man die Gefangenen zu einer Waldschneise. »Jetzt werden wir getötet, nicht wahr?« Das sind die letzten überlieferten Worte Lumumbas.

Das Exekutionskommando verbrauchte angeblich ein halbes Kilo Patronen. Belgische Polizeikommissare verscharrten die Leichen nahe der Grenze zum damaligen Rhodesien, gruben sie wieder aus, zerteilten sie mit Äxten und Sägen und warfen sie in ein Fass voll Säure. Die restlichen Knochen wurden verbrannt, die Asche wurde in alle Richtungen verstreut.

Kurze Zeit darauf schlugen UN-Blauhelme die Sezession Katangas blutig nieder. Die Mission, damals höchst umstritten, gilt in der Geschichtsschreibung der Vereinten Nationen heute als Erfolg. Generalsekretär Hammarskjöld indes kam im September 1961 ums Leben, bei einem Flugzeugabsturz an der Grenze zwischen Katanga und dem heutigen Sambia – die Ursache des Unglücks ist bis heute ungeklärt.

Lumumba erlangte in der internationalen Linken eine Zeit lang den Status eines Märtyrers. Malcolm X hielt ihn für den »größten Schwarzen auf dem afrikanischen Kontinent«, Jean-Paul Sartre erklärte ihn zum Sinnbild für »ganz Afrika«. Und Mobutu, der Opfer seiner Machtpolitik gern posthum als Heldenbrüder ausgab, rehabilitierte Lumumba 1966, fünf Jahre nach dessen Ermordung.

Dann wurde es still um Patrice Lumumba. Gut vierzig Jahre nach seiner Ermordung gab der ehemalige Polizeikommissar Gérard Soete, seinerzeit an der »Entsorgung« der Leiche beteiligt, dem deutschen Dokumentarfilmer Thomas Giefer ein Interview. Vor laufender Kamera wickelt der inzwischen greise Soete aus einem Papier die Souvenirs seines Einsatzes aus: zwei herausgebrochene Zähne. »Armer Patrice«, sagt er, »das ist alles, was von dir übrig geblieben ist.«

# Wo die Erde brennt

*Françoise Hauser*

»Transterrilienne«, das klingt ein bisschen wie »Transamazonas«, klingt nach Abenteuer und Schweiß, Gefahren und dem Stolz, einmal im Leben der Erste gewesen zu sein. Und es trifft durchaus zu – auch wenn die Bergkette in Belgien liegt, in einem der dichtest besiedelten Landstriche Europas.

Über zweihundert Kilometer zieht sich die Transterrilienne mit fast tausend Gipfeln durch die wallonische Ebene: gigantische, schwarze Maulwurfshügel von bis zu dreihundert Metern Höhe, die auch im Winter nie von Schnee bedeckt sind. »Terril« heißen sie auf Französisch, was sich schlicht mit Abraumhalde übersetzen ließe, aber kein bisschen so aufregend klingt.

Lange Zeit hat man sich in Belgien nicht um die Terrils gekümmert, denn sie sind das Symbol der industriellen Vergangenheit Walloniens, standen für Dreck und Kohlenbergwerke, Minenunglücke und später Arbeitslosigkeit. Vielleicht hatte man sich auch einfach an den Anblick gewöhnt: Nutzloses Terrain inmitten der Städte und Dörfer, das oft nicht einmal bebaubar ist. Aus einem einfachen Grund: Viele der Terrils brennen. Nicht immer gelang es, Stein und Kohle effizient zu trennen, zum Teil enthalten die Terrils noch bis zu zwanzig Prozent Kohle, die sich aufgrund chemischer Pro zesse selbst entzündet. Auf bis zu sechshundert Grad Celsius erhitzt sie sich im Inneren, selbst an der Oberfläche kann es noch vierzig Grad Celsius warm werden. Was die Menschen nicht daran hinderte, bis an den Fuß der Terrils zu siedeln, ja manchmal sogar darauf. Anfang der 1950er-Jahre ließ beispielsweise die Gemeindeverwaltung Tilleur auf dem aktiven Terril Malgarny Wohnungen für italienische Bergarbeiter errichten – und musste hilflos mit ansehen, wie die Anlage wenige Monate später in Flammen aufging. Heute, mehr als fünfzig Jahre später, brennt Malgarny noch immer. Ingenieure hätten den Terril besichtigt, erzählen die Anrainer, um die Wärme für eine ganz neue Heizmethode zu nutzen. Vorerst jedoch dampft Malgarny in Ruhe weiter.

Wie auch der Terril des Hiercheuses von Marcinelles nahe der Stahl-Stadt Charleroi: Nein, eigentlich darf man ihn nicht betreten, denn immer wieder tun sich über Nacht neue Öffnungen auf, aus denen der Rauch quillt, reißen kleine Hänge ab. Es riecht nach Schwefel und Muff und dampft aus dem Gebüsch – die Gebäude am Fuße des Terrils sind längst abgebrannt. Was langfristig aus dem schwarzen Hügel werden soll, weiß niemand so genau. Die Nachbarn zucken mit den Schultern: Privatbesitz.

Um die staatlichen Terrils steht es besser: In den letzten Jahren sind sie mehr und mehr ins öffentliche Interesse gerückt. Immerhin ist die Transterrilienne nicht nur biologisch interessant, sondern auch die einzige Bergkette weltweit, die vom Menschen erschaffen wurde und daher in keinem Atlas auftaucht. Acht Jahrhunderte Arbeit stecken dahinter und der Abraum aus rund zwölftausend Kohlenschächten.

Gleich zwei große Initiativen kümmern sich heute um die touristische Erschließung der Halden: So hat das EU-Projekt »Pays des Terrils« in der Region Lüttich eine ganze Kette von Terrils beschildert und mit einem Wegnetz der Öffentlichkeit zugänglich gemacht. Der Wanderweg 412 führt zudem seit einigen Jahren quer durch die Kohlenregion Belgiens, vorbei an den größten Terrils und wichtigsten Minen. Auch die Organisation Fédération de la Chaine des Terrils organisiert Wanderungen über die Halden.

Die offiziellen Touren freilich sind vor allem auf den erloschenen Terrils zu haben. Denn – wer will schon seine Touristengruppe in einem rauchenden Loch verschwinden sehen? Der Spaziergang ist trotzdem nicht minder beeindruckend. Selbst die inaktiven Terrils locken aufgrund ihrer Farbe mit einem einzigartigen Biotop: Die schwarzen Böden heizen sich schnell auf, sind wasserdurchlässig – und dank ihrer Höhe jenseits aller Unkrautvernichtungsmittel, die in der Ebene für »Ordnung« sorgen. Kein Wunder, dass Fauna und Flora der Terrils eher an den Vesuv denn an Belgien erinnern. Um die fünfhundert Pflanzen- und rund neunzig Vogelarten findet man hier, mehr als vierzig Schmetterlingsarten, von denen viele in Belgien eigentlich nicht heimisch sind. Jenseits aller Statistiken ist diese unglaubliche Biodiversität auch für den Laien ersichtlich: Jeder Schritt lässt eine bläuliche Welle von Blauflügelheuschrecken aufsteigen, es flattert und zwitschert wie in einem Nationalpark. Und weil es so unglaublich viele Terrils gibt, bleibt der Wanderer meist allein in der Idylle – manchmal darf er sogar der Erste sein.

# Heimat ist etwas Fließendes

*Andreas Heller*

Charles Fontaine ist kugelrund, und seine Passion spricht aus jeder Pore seines frohen Wesens. Ja, schon als kleiner Bub, lacht er, habe er seinen Durst eben am liebsten mit leicht vergorenem Gerstensaft gelöscht, und schon früh sei für ihn festgestanden, dass er später, wie auch immer, sein Brot mit Bier verdienen wolle. So wurde er Wirt. Dann Bierverkäufer und Freizeithistoriker, als der er während zwanzig Jahren das einheimische Brauwesen erforschte, so lange, bis er genug Material für ein eigenes Biermuseum zusammenhatte. Seit einigen Jahren ist er auch noch Verkaufschef der Brauerei von Silly in der Provinz Hennegau, wo er zusammen mit dem Brauereibesitzer Didier van der Haegen Biere ganz nach seinem Geschmack braut.

Charles Fontaine, kein Zweifel, kennt jedes Bier in- und auswendig und gleich noch eine kleine Geschichte dazu. »In jedem Glas Bier«, sagt er, »steckt ein Stück unserer Geschichte und Kultur.« Er schenkt eine kupferfarbene, schäumende Flüssigkeit ein: »Unser Saisonbier, das die Bauern im Sommer trinken. Und hier«, der Bierologe zeigt auf ein Helles mit temperamentvoller Perlage, »das Bier der Aristokraten, das den ganzen kulturellen Reichtum des Herzogtums d'Arenberg vereinigt.« Das Dunkel-Ölige: »Ein Scotch, dessen Ursprünge auf die Befreiung durch die Alliierten im Zweiten Weltkrieg zurückgehen.«

Wer wie Fontaine die Welt sozusagen durchs Bierglas betrachtet, für den ist die Bierkultur ein Teil belgischer Geschichte, eine Äußerung des Volkscharakters. Was Flamen, Wallonen und die deutschsprachige Minderheit verbinde, meint der Bierexperte, sei nicht zuletzt die gemeinsame Neigung zum Bier und die gemeinsame Verehrung von Fürst Gambrinus (der Legende nach ein Flame). Andererseits, räumt er ein, bedinge das friedliche Zusammenleben Respekt vor regionalen und persönlichen Vorlieben, eine Art Bierföderalismus also, denn: »Heimat ist etwas Fließendes.«

Tatsächlich bleiben in Sachen Hopfen und Malz im Land der Bierindividualisten keine Wünsche offen. Denn die belgischen Biertrinker sind tolerant. Freundlich haben sie die von den Deutschen, den Holländern und den Engländern ins Land gebrachten Bierkulturen aufgenommen. Ale, Pils, Stark- und Weizenbier, alle klassischen Biersorten eigentlich, sind bei ihnen heimisch geworden, und dennoch blieben die Belgier den nationalen und regionalen Spezialitäten – den Trappisten- und Fruchtbieren, den dunklen und roten Bieren Flanderns, den wilden Bieren im Fajottenland – treu. Eine Rekordzahl von sechshundert verschiedenen Sorten haben die offiziellen Stellen letzthin gezählt, und mögen die Belgier mit einem derzeitigen Pro-Kopf-Konsum von rund hundertdreizehn Litern zwar nicht mehr die Weltmeister im Biertrinken sein (eine Folge der Krise im Bergbau und in der Schwerindustrie, wie Fontaine meint), in Bezug auf Biervielfalt und Braukunst liegen sie an der Spitze. Was dem Whisky-Liebhaber das schottische Hochland, ist dem Biertrinker das Land der Flamen und Wallonen.

Kernig und frisch schmeckte das Weißbier in der Brüsseler Brasserie Vieux Spijtigen, wo schon Baudelaire seinen Seelenschmerz ertränkte; vollmundig war das helle, obergärige Bier, das wir im Café Ultime Halluzination aus einer Art Riesenreagenzglas in unsere Kehlen schütteten; und seltsam sauer erschien uns das in der Taverne A la Mort Subite servierte Getränk gleichen Namens. Doch auch das war eben Bier, ein Lambic, wie uns die Kellnerin versicherte, »das Ur-Bier, das bereits die lebenslustigen Bauern auf den Gemälden Breughels tranken«.

Einer Brauerei, die dieses Gebräu herstellt, gilt unser nächster Besuch. Wir fahren über flaches, saftiges Land mit fetten Kühen, vorbei an stillgelegten Fabriken und Backsteinhäuschen mit vergilbten Gardinen und verwelktem Blumenschmuck. In einem Café, Lembeek heißt das Kaff, erkundigen wir uns bei zwei Arbeitslosen, die ihre Zeit mit Bier und Billard totschlagen, nach dem Weg zur Brauerei. Wir fahren weiter: Über holprige *pavés* hinunter zum Fluss, dann rechts, da, endlich, ein Schuppen. Die Brauerei? Nichts deutet darauf hin, doch: Es riecht nach Bier.

Auch Frank Boon, der uns inmitten von seufzenden und murmelnden Holzfässern empfängt, hatte von Kindsbeinen an Verbindungen zum Brauereigewerbe. Auf der Universität, sagt er, habe er zuerst eine Studentenbar betrieben; später arbeitete er im Bierhandelsgeschäft; dann verschnitt er Lambic-Biere; und schließlich begann er in diesem Fabriklein – einer ehemaligen Gießerei – und mit dem Inventar einer stillgelegten Brauerei sein eigenes Lambic zu erproben, ein ursprüngliches Naturprodukt, wie er uns erklärt.

Ungemälzter Weizen, Gerstenmalz und während zweier Jahre abgelagerter Hopfen sind die Grundstoffe, und die Herstellung kommt ohne jede moderne Brautechnik aus: Die Maische wird aufgekocht und darauf ins Kühlschiff auf dem Dachboden, eine offene, flache Wanne aus Kupfer, geleitet. Hier kühlt der Sud eine Nacht lang aus und nimmt dabei die in der Luft herumschwirrenden Bakterien auf. Am anderen Morgen leitet der Brauer die Flüssigkeit direkt vom Kühlbottich in Holzfässer – Brüsseler Tonnen, alte Portwein- und deutsche Fuderfässer –, wo der Getreidesud schon nach drei Tagen zu arbeiten, zu gären beginnt; nach ein bis drei Jahren ist das Bier – es heißt nun Lambic – eigentlich genussreif, doch wird es meistens noch weiterverarbeitet. Mit anderen Jahrgängen verschneidet es Boon zu einem sogenannten Faro. Daneben produziert er ein Kirschen- und ein Himbeer-Lambic, bei dem frische Früchte mitvergoren werden, und sein besonderer Stolz ist seine Gueuze: eine nach unzähligen Verkostungen getroffene Mischung verschiedener Jahrgänge, die, in Champagnerflaschen abgefüllt und mit einem Korken verschlossen und verdrahtet, ein zweites Mal vergoren wird – »der Champagner Belgiens«.

Das Besondere an der Herstellung des Sauerbiers: Die Lambic-Brauer kommen ohne Reinzuchthefen und ohne Kühlungstechnik aus. Wie in früheren Zeiten brauen sie lediglich in der kühlen Jahreszeit, von November bis März; und sie vertrauen allein auf die in der Luft natürlich vorhandenen Mikroorganismen.

Rund sechzig sind es im Tal der Senne, wo Lembeek liegt, und davon sind zwei für die Bierproduktion vor allem wichtig: der Brettanomyces lambicus und der Brettanomyces bruxellienis. Sie kommen nur südlich von Brüssel vor und werden von den Lambic-Brauern denn auch besonders gehegt und gepflegt. Peinlich genau achten sie beispielsweise darauf, dass in ihren Betrieben stets ein den Mikroorganismen förderliches Klima herrscht. Staub und Insekten fressende Spinnen sind in den Lambic-Brauereien willkommen, klinische Sterilität ist dagegen verpönt.

Nun scheinen die belgischen Kleinbrauer ohnehin nicht allzu viel von Sterilität und peinlichster Ordnung, wie man sie von den Schweizer Brauereien gewöhnt ist, zu halten; leicht muffig jedenfalls ist auch das Ambiente der nächsten Biersiederei. Doch Paul Vanneste, der in dritter Generation in Brügge die Brauerei zum De gouden Boom (Der goldene Baum) betreibt und ausschließlich obergärige Spezialitäten des Orts braut, belehrt uns: »Wichtig ist, dass man im Bier die Brauerei, aus der es kommt, noch ein bisschen riechen kann.« In seinem mit alten Eichenfässern, Flaschenabfüllanlagen und dem Inventar einer Jahrhundertwende-Schenke ausgestatteten Schenkraum kredenzt er uns ein frisches, aus Rohweizen gebrautes Weizenbier mit einem ausgesprochen feinen Hefebouquet, dann ein kräftiges, dreifach vergorenes Brugse Tripel mit 9,5 Volumenprozent Alkohol. »Eher ein Tropfen für stille Genießer an einem einsamen Abend«, warnt er noch.

Schon recht fröhlich flanieren wir darauf durch das hübsch herausgeputzte Hansestädtchen. Wir bewundern die herrschaftlichen Handelshäuser, blinzeln in die Sonne, bis sich der Durst zurückmeldet. Und schon sitzen wir wieder in einer Schenke: bei Brugs Beertje, bekannt für seine dreihundert Sorten zählende Bierauswahl.

Die Bierliste des Brugs Beertje ist lang (was uns noch durstiger macht) und wie eine gepflegte Weinkarte systematisch nach Regionen geordnet (was uns wenig hilft). Wie wäre es mit einem Fläschchen Verboden Vrucht? Oder doch lieber ein Stille Nacht? Schließlich entscheiden wir uns für ein Glas Straffe Hendrick aus der lokalen Hausbrauerei und ein leichtes Hommelbier aus Poperinge, Belgiens Hopfenland, wie Wirt Jan de Bruyne erklärt.

Jan de Bruyne hat ein Spitzbäuchlein, ein etwas aufgedunsenes Gesicht, und seine Miene ist säuerlich wie ein überlagertes Lambic. »Auch wir«, murmelt er, »spüren die Krise.« Er berichtet von früher, als Belgien noch dreitausend Brauereien zählte. »In jedem Städtchen und in jedem Dorf gab es eine oder am besten gleich drei: eine für die Sozialisten, eine für die Klerikalen und eine für die Liberalen.« Heute seien es noch hundertsechsundzwanzig, wobei allerdings achtzig Prozent der Produktion allein auf die beiden Konzerne Alken-Maes und Interbrew mit den bekannten Marken Stella Artois, Jupiler, Leffe und Hoegaarden entfallen. »Da können die Kleinen nur überleben, wenn sie etwas Besonderes bieten.«

Doch auch die Großen drängen nun zunehmend in Marktnischen: Konzerne kaufen Spezialitätenbrauereien auf, erwerben von Abteien, die nie eine Brauerei betrieben haben, Braulizenzen, um ein vermeintliches Klosterbier zu lancieren; sogenannte Gueuze- und Kriek-Biere werden auf den Markt geworfen, die mit der Spezialität aus dem Payottenland nichts zu tun haben, sondern irgendwo aus Pils und Sirup zusammengemixt werden. »Rund zwei Drittel der sechshundert verschiedenen Sorten«, sagt de Bruyne, »sind bloße Etikettenbiere, an denen der Aufkleber die einzige Besonderheit ist.« Wir sind ernüchtert.

Und nur zaghaft hellt sich die Stimmung wieder auf, als wir in einem Restaurant am lauschigen Kanal die Speisekarte für das Abendessen studieren: in Weißbier gekochte Schnecken; in Gueuze sautierte Crevetten; in dunklem Starkbier mariniertes Rindsfilet. Zu jedem Gang wird das entsprechende Bier serviert, und egal, wer es nun gebraut hat, jedes mundet wunderbar. Schon fühlen wir »Abspannung und Lehnstuhlbehagen«, wie vormals Thomas Mann nach dem allabendlichen Genuss eines Hellen, bald fühlen wir uns schwer wie die roten Elefanten, die auf der Etikette des als Zugabe genossenen Delirium tremens tanzen. Nur der Kellner hat noch immer kein Einsehen. Zum Blauschimmelkäse bringt er noch ein Fläschchen Grande Réserve aus dem Trappistenkloster Chimay. Holde Bierseligkeit – wer könnte da Nein sagen? So huldigen wir denn mit einem Schlummertrunk auch noch dem segensreichen Wirken der Klosterbrüder. Wir preisen den Schutzpatron der Brauer, den heiligen Arnold aus der Abtei Oudenburg bei Ostende, der seinen Schäfchen Bier statt Wasser predigte. Den Bischof von Soissons, der eine Pestepidemie dadurch beendete, dass er sein Kruzifix in einen Braukessel tauchte und dem gemeinen Volk befahl, das verseuchte Wasser zu meiden und den hygienisch einwandfreien Gerstensaft zu trinken.

Jahrhundertelang lag die Braukunst vor allem in den Händen von Klosterbrüdern, und noch heute gibt es übers Land verteilt fünf Abteien, die das dunkle, kräftige und alkoholreiche Klosterbier brauen: Chimay, Orval, Rochefort, Westmalle und Westfleteren. Sie alle zählen zum verschwiegenen Trappistenorden, dessen Mönche, so hatten wir jedenfalls gelesen, nicht einmal der Durst zum Reden bringe. Dem Trappisten genügt ein Handzeichen: Wenn er Bier möchte, legt er ganz einfach den Mittelfinger der rechten Hand in den linken Ärmel seiner Kutte.

Aber wir haben Glück. Pater Thomas, der uns in der hart an der französischen Grenze gelegenen, von Wäldern und wogenden Kornfeldern umgebenen Abtei Notre-Dame de Scourmont bei Chimay empfängt, nimmt es mit den Regeln nicht so genau; er ist sogar ausgesprochen redselig. Während ihm der Schweiß in Strömen von der stoppeligen Kopfhaut rinnt, lobt er die Qualität des Wassers aus dem eigenen Brunnen, die Vorzüge der Wintergerste aus der Champagne, des amerikanischen Hopfens, des Kandiszuckers, der dem Trappistenbier eine spezielle Würze gibt, den Charakter der hauseigenen Hefe. »Der Sud ist das Blut, die Hefe die Seele«, sagt Pater Thomas. Dann piepst unter der von einem stattlichen Bauch gewölbten Kutte. Der Pater eilt ans Telefon.

Die Brauerei der Abtei bei Chimay, zu der auch ein Hotel und eine Käsefabrik gehören, ist ganz offensichtlich ein moderner Betrieb. Der Brauvorgang wird elektronisch gesteuert, in Labors untersuchen Wissenschaftler die Qualität der Biere, bevor diese im Tankwagen ins Dorf zur erst kürzlich installierten Abfüllanlage transportiert werden. Im Unterschied zu den Kleinbrauereien ist hier alles auf dem neuesten Stand; die Abtei entpuppt sich als Industriebetrieb mit rund hundertachtzig Angestellten. Aber die Trappistenbiere, die die Abtei in drei verschiedenen Stilen braut, sind alle, wie es sich nach alter Sitte gehört: Als wär es Milch und Honig, fließen sie durch die Kehle, allen voran das mit dem Jahrgang 1992, das Capsule Bleue. Es ist nachtschwarz, wird gekrönt von einem samtigen Schaum und trinkt sich fast von selbst. »C'est sublime!«, ruft Pater Thomas begeistert aus.

Dass es mit seinen neun Prozent Alkohol ebenfalls kein Bier für jede Tageszeit ist, wissen wir inzwischen. Und nur allzu gerne hätten wir deshalb noch jenes Bier versucht, das die Trappisten allein für sich selber brauen. Doch Pater Thomas winkt ab. Sagt nur, dieses Bier sei leichter und heller, halt so, dass man fast beliebig viel davon trinken könne.

Der wahre Göttertrank muss das sein.

# Das heimliche Wahrzeichen:
# Die Frittenbude

*Paul Ilegems*

**Die Franzosen
als Entdecker der
Pommes frites**

Dass die Franzosen die Pommes frites für sich einfordern, wird niemanden verwundern. Es ist nun einmal ihre feste Gewohnheit, sich alles anzueignen, was der Menschheit einen Nutzen gebracht hat. Ihr kultureller Aneignungstrieb ist unbezähmbar. Alle Schriftsteller, Künstler oder Wissenschaftler, die ein paar Jahre in Paris verbracht haben, haben dies erfahren müssen: Sie wurden der französischen Kultur ohne Umschweife einverleibt.

Mit den Pommes frites ist es nicht anders. Der berühmte französische Koch Curnonsky, der seinen Namen vom lateinischen *cur non* (»warum nicht«) abgeleitet hatte und das Epitheton »Sa Rondeur« trug, schrieb in *La France gastronomique* (1921): »Die frittierten Kartoffeln sind eine der geistreichsten Schöpfungen des Pariser Genies.« Louis-Ferdinand Céline behauptet im 37. Kapitel seiner *Voyage au bout de la nuit*: »Fritten schmecken echt pariserisch«, und Roland Barthes in *Mythologies:* »Die Fritte bleibt nostalgisch, patriotisch wie das Beefsteak.«

Es ist in solchen Fällen klüger, ihnen ihren Willen zu lassen. Der französische Erfindungsreichtum in kulinarischen Dingen wird von niemandem bestritten. Dass sie sich mit allerhand unberechtigten Aneignungen wichtiger machen, als sie sind, nimmt man dann eben gern in Kauf.

Um zu beweisen, dass sie im Recht sind, nutzen Franzosen die dreistufige Argumentation, deren Erfinder der alte Philosoph Sokrates war. Alle Menschen sind sterblich, so behauptete er. Sokrates ist ein Mensch, also ist Sokrates sterblich. Und er hatte recht. Auf die Pommes frites bezogen, machen die Franzosen das Folgende daraus: 1.) Pommes frites findet man überall auf der Welt lecker, 2.) Die französische Küche ist die beste der Welt; ergo 3.) Die Pommes frites sind französisch.

Dass der Syllogismus hinkt, bemerken sie nicht. So genau nehmen es die Franzosen nicht.

### Die Fischgeschichte Jo Gérards

Wenn es darum geht, die Pommes frites als nationales Eigentum zu betrachten, machen es sich die Belgier möglicherweise noch einfacher als die Franzosen. Sie gründen ihre Frittenansprüche ohne mit der Wimper zu zucken auf ein wallonisches Manuskript, das kein Mensch jemals gesehen hat:

»Die Einwohner von Namur, Andenne und Dinant haben die Gewohnheit, in der Maas kleine Fische zu fangen, um ihren Speisezettel zu erweitern, vor allem arme Leute. Wenn die Gewässer zugefroren sind und das Fischen riskant wird, schneiden sie Kartoffeln in Fischform und frittieren diese dann auf dieselbe Weise. Ich erinnere mich, dass es diese Gewohnheit bereits gut hundert Jahre gibt.«

Das Manuskript soll den Titel *Curiosités de la table dans les Pays-Bas Belgiques* tragen, aus dem Jahre 1781 datieren und von einem gewissen Joseph Gérard stammen. Dieser war, wie man erfährt, ein ferner Vorfahre des militant belgizistischen und eher zweifelhaften Geschichtsforschers Jo Gérard, Autor diverser Geschichtswerke über Fürstenhäuser. Jo Gérard nahm jedoch nie die Mühe auf sich, das interessante Manuskript seines Vorfahren in extenso zu publizieren. Dabei wäre es zweifellos ein belgischer Bestseller geworden …

Nehmen wir spaßeshalber an, dass der Text authentisch ist und das Gedächtnis Joseph Gérards ein ganzes Jahrhundert umspannen konnte. Dann waren die Wallonen also bereits 1680 vollauf damit beschäftigt, Fritten zu garen. Wo sie ihre Kartoffeln dafür herbekamen, erzählt der alte Gérard allerdings nicht – sie wurden in der Wallonie erstmals 1709 gesichtet.

Was liegt übrigens, wenn man erst einmal die Kartoffel hat, mehr auf der Hand, als sie in dem einen oder anderen Backfett zu frittieren? Bereits zu Zeiten der Römer bereitete man Fisch, Fleisch und Gemüse in heißem Olivenöl zu. Im Mittelalter verkauften Mönche aus aller Herren Länder zugunsten ihrer Klöster frittierte Esswaren, da »der kleine Mann« nicht die Mittel besaß, das Frittieren selbst zu erledigen. Leckereien wie *fritto misto* oder *boquerones* zieren seit Menschengedenken die Speisekarten italienischer und spanischer Speiselokale.

## Französische und belgische Frittentraditionen

Jede weitere Diskussion über die Erfindung der Fritte erübrigt sich, bevor nicht definiert worden ist, was man genau unter einer Fritte versteht. In einem so traditionsgebundenen Land wie Frankreich leben die Frittiergewohnheiten der Volksküche, insbesondere auf dem Lande, bis zum heutigen Tag fort. Der französische Küchenchef Joël Robuchon, der auf Rückbesinnung setzt, ist sehr gewissenhaft dorthin zurückgekehrt.

Die Weise, in der er Fritten gart, wird vom Amerikaner Jeffrey Steingarten in seiner sehr unterhaltsamen und originellen Studie *The Man Who Ate Everything* (1997) beschrieben – sie versetzt jeden Belgier in Bestürzung. Robuchon schneidet die Kartoffeln zu ordentlichen Rechtecken und anschließend zu flachen Fritten, legt sie in eine Stilpfanne, gießt gerade so viel kaltes Olivenöl darüber, bis alles schön bedeckt ist, und erhitzt sie, bis sie gar sind. Die Fritten, die aus dieser Behandlung hervorgehen, sehen zwar etwas schlaff aus, sind jedoch durchaus lecker. Auch in Spanien und Italien macht man es noch häufig auf diese Art und Weise.

Belgier dagegen hegen die feste Gewohnheit, die Kartoffelstäbchen zweimal und bei verschiedenen Temperaturen zu frittieren – ja, sie machen diese Zubereitungsweise gar zur Grundvoraussetzung dafür, den Namen Pommes frites tragen zu dürfen. Wer behauptet, dass es ebenso gut in *einer* Frittierrunde gehe oder durchgängig bei ein und derselben Temperatur, macht sich der Ketzerei schuldig. Das belgische System des Vorfrittierens und Endgarens ist typisch für die Frittenbude, denn so werden dem Kunden lange Wartezeiten erspart. Diese Fritte, die echte Frittenbudenfritte, ist in allen belgischen Küchen die feste Norm. Die belgische Art, Pommes frites zuzubereiten, ist aus der Frittenbude hervorgegangen, nicht umgekehrt.

**Der Ursprung der Frittenbude**

Die erste Frittenbude war nicht mehr als ein bescheidener Karren mit einem gusseisernen Kessel und einem kleinen Vorrat an geschälten Kartoffeln. Im Folkloremuseum in Doornik gibt es noch eine solche Frittenkarre zu sehen – das einzige Exemplar, das erhalten geblieben ist.

Ferner gab es da noch die Kirmesfrittierstände, die um einiges imposanter waren. Einer ihrer Pioniere war Fritz Krieger, der ursprünglich aus dem Elsass stammte. Er reiste von Kirmes zu Kirmes, sowohl in Belgien als auch in Nordfrankreich. Das Antwerpener Stadtarchiv besitzt mehrere Briefe von ihm, der älteste stammt aus dem Jahre 1845. Jahrein, jahraus beantragt Fritz die Erlaubnis, seinen Frittierstand auf der Antwerpener Sinksenfoor-Kirmes aufstellen zu dürfen. In einem Brief aus dem Jahre 1851 schreibt er:

»Ich nehme mir die respektvolle Freiheit, Ihnen diesen Brief zu schreiben, um Sie zu ersuchen, meinen üblichen Platz gegenüber dem Handelspavillon zu reservieren. Ich benötige sechs Meter Giebelfassade zu acht Metern Tiefe. In Erwartung Ihrer Antwort verbleibe ich Ihr geneigter Diener, Fritz, Händler in Frittiertem.«

Fritz Krieger hatte damals bereits einen Rivalen, der Alexis Descamps hieß und ihm mit seinen ebenfalls von einem anderen geschriebenen Briefen den Wind aus den Segeln zu nehmen versuchte, indem er eine lithografierte Abbildung seines Frittierstands beifügte.

Weitere zehn Jahre später sah Fritz sich allseits von fremder Konkurrenz umzingelt. Ein Lütticher Inventar von Kirmesständen aus dem Jahre 1861 führt nicht weniger als siebzehn Frittierstände auf. 1882 war ihre Zahl bereits auf zwanzig gestiegen, 1883 sogar auf zweiundzwanzig. Ab 1895 begann der Lütticher Beamte, die Frittenbuden gesondert aufzuführen, um sie von anderen unterscheiden zu können, die sich auf Waffeln, Apfelkrapfen und Mutzen spezialisiert hatten. Es gab damals nicht weniger als dreizehn Frittenbuden auf eine Gesamtzahl von achtzehn.

Fast ein Jahrhundert später machte ein anderer Dichter, der Niederländer J. W. F. Werumeus Buning (1891–1958), seinerseits Bekanntschaft mit der belgischen Fritte. Neben Gedichtbänden sind verschiedene Kochbücher unter seinem Namen erschienen, und in einem davon, mit dem Titel *Buitenlandse gerechten voor fijnproevers* (Ausländische Gerichte für Feinschmecker), finden wir das folgende Rezept:

Man schneide die geschälten und gewaschenen Kartoffeln in Stäbchen der gewünschten Größe und Form und lege sie nicht zu kurz in kaltes Wasser, bis dieses milchig wird. Man tausche das Wasser aus, bis es klar bleibt, hole die Kartoffelstäbchen dann heraus, lasse sie abtropfen und trockne sie sorgfältig. Dieses sorgfältige Abtrocknen mit einem Tuch ist nötig und das erste Geheimnis des Frittierens.

Man lasse sie nun in nicht zu großen Mengen in das sehr heiße Frittierfett gleiten und schöpfe sie heraus, wenn sie leicht goldgelb geworden sind. Man lasse sie abtropfen, während man eine zwei Portion verarbeitet, und mache so weiter. Lassen Sie sie eine Weile so stehen!

Nun lasse man das Feuer unter dem Frittierfett stärker brennen, bis der hellblaue Dampf fort ist, und lege die Fritten nochmals für kurze Zeit hinein, bis sie noch goldfarbener und knuspriger geworden sind. Diese zweite Bearbeitung ist das zweite Geheimnis der Fritten. Machen Sie es anders, bleiben sie schlaff. Man lasse sie nochmals abtropfen, salze sie ordentlich und serviere sie. Dieses Rezept stammt aus der besten Antwerpener Frittenstube.

### Eine Typologie der Frittenbude

Der Belgier kennt für seine Frittenbude verschiedene Bezeichnungen, die einander stark ähneln. Die Flamen sprechen von *frituur, frietkraam, frietkar* und *frietkot*. In der Wallonie sagt man entweder *friture, baraque à frites* oder *friterie*, aber auch *fritkot* ist allgemein gebräuchlich und deshalb ein Belgizismus *bij uitstek* und par excellence. Zweimal vier Begriffe also, auf beiden Seiten der Sprachengrenze, und in Brüssel werden alle acht benutzt. Auf dem Gebiet der Fritte herrscht in Belgien sprachliche Parität und harmonische Eintracht. Das Wort *fritkot* ist auch in Frankreich bereits halbwegs durchgedrungen, obwohl sicherlich noch nicht allgemein akzeptiert. Der Pariser – und des Niederländischen völlig unkundige – Journalist Didier Pavy spricht in seinem Buch *Les Belges* über *kots à frites*.

Die Frittenbude ist der Spiegel des belgischen Volkes. Ob in Flandern oder Wallonien, die Frittenbuden unterscheiden sich überall auf die gleiche Art und Weise voneinander und sind Stück für Stück so belgisch, wie es nur eben geht.

Die Frittenbude ist reine Metaphysik, eine Welt im Kleinen, ein Ort der Abenteuer und der Lebenspoesie. Tag für Tag drängen sich die Belgier dort zusammen, ob in der Stadt oder in der Randgemeinde, im Dorf oder im Weiler. Sie treffen sich, um ihre Lebensgeschichte zu erzählen oder die regionalen Angelegenheiten zu kommentieren. Wer nur einmal in seinem Leben während eines Platzregens unter dem Vordach einer *frituur* gestanden hat, den Rücken an die Wand gedrückt, um die Fritten einigermaßen trocken zu halten, wird die übersinnlichen Aspekte der Frittenbude ganz und gar begreifen – und er wird auch gleich verstehen, woher die Trancen der heiligen Teresa stammten.

### Der Frittierwagen

Die ältesten mobilen Frittenbuden waren von Stellmachern konstruiert und besonders schön verziert worden. Sie besaßen den Fin-de-siècle-Charme alter Straßenbahnen, und ihre solide Eichenholzkonstruktion sorgte dafür, dass sie bis weit ins 20. Jahrhundert hinein ihren Dienst versahen. Die heutigen mobilen Frittenstände, die man auf Märkten oder bei Sportveranstaltungen sehen kann, sind wesentlich leichter gebaut. Sie haben Aluminiumfenster und Wände aus wärmeisolierten, schlag- und kratzfesten Sandwichpaneelen. Sie sind sehr zweckmäßig konstruiert, doch ihnen fehlt weitgehend der Charme einer Frittenbude, und der Betreiber wird denn auch versuchen, die unpersönliche Langeweile seines Modells Standard, Prestige oder Elite mit Aufklebern, Vereinswimpeln und Ansichtskarten zu durchbrechen.

*Der Caravantyp*
Prinzipiell ebenfalls mobil ist der Caravantyp – im Kern ein alter Caravan, Wohn- oder Lieferwagen, dem als Frittenbude ein zweites Leben eingehaucht wird. Die Idee stammt aus den Kleingärten, wo solche Formen des Recyclings seit Langem üblich sind und fast jedes Bauwerk ein gewisses Frittenbudenpotenzial besitzt. Die verwitterten, abgenutzten Reifen sind platt und erinnern nur noch vage an ihre ursprüngliche Funktion. Im Laufe der Zeit wird der Caravan durch improvisiertes Zaunwerk und Anbauten an der Rückseite für die Warenlagerung erweitert, wodurch auch die letzte Illusion von Mobilität zerstört wird.

*Der Bustyp*
Der Bustyp beruht auf demselben Konzept wie der Caravantyp, ist jedoch möglicherweise noch ein wenig rudimentärer. Der Kern der Verkaufsstelle ist ein ausrangierter Autobus, und je weniger Kunstgriffe nötig sind, um eine Frittenbude daraus zu machen, umso eher darf diese »Busfritte« als gelungen gelten. Ein kleines Vordach aus Wellblech, das auf zwei Windschutzwänden ruht, reicht dafür bereits aus. Mehr als jeder andere Frittenbudentyp lässt der Busimbiss erkennen, dass sich für simple Probleme auch simple Lösungen finden lassen. Durch seinen unwirklichen Anblick und sei-

ne elementare Unbeholfenheit zeugt der Bustyp vom ungebrochenen Überlebenswillen seines Eigentümers. Man trifft die »Busfritte« vor allem in den etwas proletarisierteren Urlaubsorten der Wallonie an, doch auch in Flandern ließen sich jüngst einige Exemplare sichten. Der Pommes-frites-Liebhaber, der das Abenteuer sucht, kommt an ihnen einfach nicht vorbei.

*Der Barackentyp*
Die Frittenbaracke ist ein etwas chaotisches Gebilde, das der Betreiber zur Gänze selbst konzipiert und mithilfe seines Schwagers an einem trockenen Samstagnachmittag zusammengezimmert hat. Hier beruht nicht das Bauwerk als solches auf der Idee des Recyclings, sondern nur das verwendete Material. Mit etwas Sperrholz, Wellblech, Resopal und Holzfaserplatten sowie ein paar rostigen Farbtöpfen aus dem Gartenhäuschen legt der angehende Frittenbäcker los. Die Frittenbaracke entsteht ebenso wie die »Busfritte« und der Caravan aus der Unsicherheit heraus, ob das Projekt den nötigen Gewinn abwirft. Sie verströmt den Charme des Vorläufigen und stellt ein Musterbeispiel nicht euklidischer Architektur dar. Wie alle Randphänomene in der Frittenstubentypologie tragen sie niemals einen Namen – die etwas unbeholfen aufgemalte Aufschrift *frituur* muss genügen.

*Das Chalet*
Das Chalet setzt sich mit seinen Dekorationen aus hängenden Blumentöpfen, Baumwollvorhängen und schmiedeeisernen Laternen recht vorteilhaft ins Bild. Es sieht etwas kleinbürgerlich aus und verströmt den bescheidenen Glanz zufriedenen Wohlergehens, der Hygiene und des Komforts. Die Chalets stehen strategisch geschickt an verkehrsreichen Kreuzungen oder auf den Parkplätzen von Autobahnraststätten und tragen

im Gegensatz zu den Frittenbaracken und den »Busfritten« stets einen Namen, der in jungfräulichem Neon aufleuchtet: Frity-Box, Panda, Finesse, Pierrot, Tip-Top, Snoepy oder Fritto Bello.

*Der Anbauimbiss*
Dieser Typus ist wohl der verwirrendste in der gesamten Welt der Frittenbuden. Es ist keine eigenständige Frittenbude mehr, sondern eine Art Anbau, der sich einer Kneipe oder einem Restaurant anschließt. Der Anbauimbiss teilt sich also mindestens eine Wand mit dem Hauptgebäude, sodass niemand genau sagen könnte, wo er beginnt und wo er aufhört. Das Frittenbacken ist hier untrennbar mit dem übrigen gastronomischen Betrieb verschmolzen. Die Frittenbude geht im großen Ganzen auf.

Häufig erweist sich der Anbauimbiss als unbemannt. Kneipenwirt und Frittenbäcker stellen sich in den ruhigeren Stunden, wenn nicht so viel Betrieb herrscht, als ein und dieselbe Person heraus, die man mittels einer Klingel an ihrer Frittiertheke erscheinen lassen kann. In dieser extremsten Form verliert der Anbauimbiss jegliche Eigenständigkeit nach außen hin und wird zur bloßen Durchreiche in der Seitenfront eines Restaurants. Während die Kunden im Innern lustig tafeln, wird in aller Stille noch etwas über den Straßenverkauf hinzuverdient.

*Die Imbissstube*
Die Imbissstube hat die Abgeschlossenheit einer Wohnung und bewahrt den Frittenbäcker vor allerhand Unannehmlichkeiten. Häufig wohnt er über dem Imbiss und tauscht nach Geschäftsschluss seinen Frittenbäckerkittel gegen den Pyjama. Das Obergeschoss hat er gratis dazubekommen, da es ohnehin niemanden gibt, der über einer Frittenstube woh-

nen will. Das Angebot ist identisch, und die Atmosphäre ist frittenbudenmäßig. Der Unterschied zwischen der Imbissstube und der frei stehenden Frittenbude zeigt sich erst nach der Bestellung. Erst wenn der Kunde wieder auf die Straße tritt, merkt er, was ihm fehlt: Es gibt keine Bude, die sich umrunden lässt, der Verzehr der Fritte hat ihren Mittelpunkt verloren. Der Betreiber versucht dem durch eine Theke zu begegnen, an die er ein paar Hocker stellt, sodass der Kunde für die Dauer des Verzehrs mit ihm in Kontakt bleiben kann. Doch auch dies löst das Problem nicht, denn Fritten schmecken nun einmal besser im Freien – der alles durchdringende Geruch des Frittierfetts der Imbissstube ist des Guten zu viel.

### Die Imbissvilla oder der Frittensalon

Die spektakuläre Imbissvilla ist ein kosmetischer Frittenbudentyp, der mehr einem Fitnesscenter als den Baracken und Caravans ähnelt, die oben beschrieben wurden. Daran war ein Innenarchitekt beteiligt; die Farben reichen von Rosa über Bordeauxrot und Mintgrün bis hin zu Perlgrau. Überall sehen wir Pflanzenkübel und eingebaute Halogenspots, aus unsichtbaren Boxen ertönt leise Hintergrundmusik, und die Preiskarte ist eine Leuchtplatte im Flughafenformat. Die Kunden können sich auf der Sonnenterrasse niederlassen oder während des Essens fernsehen, während ihre Sprösslinge im »Kinder-Corner« verweilen. Ob diese Evolution in Richtung Augenwischerei und *special effects* aber auch wünschenswert ist? Der Durchschnittskunde hat sich noch nicht ganz daran gewöhnt, und bei manchen wird die Imbissvilla eine gewisse Schwellenangst hervorrufen: »Bin ich auch danach angezogen? Sind meine Kinder nicht zu laut?« Doch auch klassische Geister, die die Einfachheit lieben, treten nicht so gern ein. Für sie ist all das Make-up nicht nötig, es passt nicht dazu. Sie sehen es lieber, dass die Frittenbude intim und bescheiden bleibt, und scheuen die sachliche Atmosphäre des Snackrestaurants an der Autobahn.

*Der Designimbiss*
Auch der Design- oder Fertigbauimbiss kommt sehr professionell in einem streng sachlichen No-Nonsense-Stil daher, doch außerdem ist er vollkommen uniformisiert. Er wird sozusagen schlüsselfertig auf die grüne Wiese gestellt. Der Designimbiss ist der einzige Typus, mit dem sich Stadt- und Raumplaner noch halbwegs abfinden können. Gleichgültig, um welchen Frittenbudentyp es sich auch handeln mag, sie haben untereinander Konsens darüber hergestellt, dass er nicht in ihren »Bildqualitätsplan Außenraum« passt, und die Frage, ob dies nicht viel eher an ihrer Vorstellung eines Straßenbildes liegt als an der Frittenstube, stellt sich ihnen gar nicht erst.

Manchmal gehen die Planer noch einen Schritt weiter und entwerfen selbst eine Frittenbude, um sie im Anschluss per Gemeindedekret allen Frittenbäckern aufzudrängen. In Antwerpen begründete der oberste Stadtplaner dies wie folgt: »Früher sah man im Straßenbild an den Friseursalons Zigarren hängen, in denen sich weiße, blaue und rote Streifen drehten. Das waren Erkennungspunkte in der Stadt. Die Menschen wussten dann bereits von Weitem, dass dort ein Friseur seinen Laden hatte. Diese Erkennungspunkte sind allmählich verschwunden. Es wird Zeit, dass wir das aufs Neue einführen.«

Sein Kommentar klingt sehr vertraut. Es ist die typische Planersprache, immer ein wenig besserwisserisch und oberlehrerhaft. Erkennbarkeit ist das große Schlüsselwort. Unsere Umwelt ist zu verwirrend geworden, und wir gehen überall verloren. Nur deutliche Kennzeichen können uns wieder auf den rechten Weg führen.

Vonseiten der Imbissbetreiber wurde jedoch noch niemals die Klage gehört, dass die Leute den Weg in ihre gute Stube nicht finden könnten. Der Trick, in einer belgischen Stadt innerhalb von drei Sekunden eine Frittenbude zu finden, ist elementar: Man geht einfach in die Richtung, aus der Frittenesser kommen. Jedes Kind weiß, wie eine solche Frittenbude aussieht, egal, wie unterschiedlich sie auch sein mögen. Und die große Verschiedenheit ist genau einer der Punkte, die ihren wesentlichen Charme ausmachen. Die Frittenbude ist ihrem Wesen nach Antidesign.

# Le chocolat – Schwarzes Glück

*Brigitte Doppagne*

Belgien ist ohne Zweifel einer der Vorhöfe zum kulinarischen Paradies, denn nur hier kann und muss man sich durch den berühmten und sprichwörtlich gewordenen Reisbrei essen, um nach Schlaraffia zu gelangen, und dieses mythische Land liegt nirgendwo anders als in den Gefilden der belgischen Confiserien.

Den Brei bekommt man bereits ab Aachen in Form einer *tarte au ris,* eines Reisfladens, der immer köstlicher zu werden scheint, je mehr man sich von der Grenze entfernt. Und jetzt sieht man auch überall in den Auslagen der Geschäfte das braune Gold Belgiens, die Schokolade, in ihren vielerlei Variationen, allen voran die Marke mit dem trompetenden Elefanten vor Palme und Pyramide: »Côte d'Or«.

Die Belgier sind samt und sonders Schokoholiker, *le chocolat* gehört seit der Kindheit zu ihrem Leben wie kaum etwas anderes.

Wenn sie ein Stück mit Elefantenbild von einer der üppigen, dunklen »Côte d'Or«-Tafeln abbrechen, den köstlich schmeckenden Dickhäuter im Mund zerschmelzen und somit sanft und genüsslich in die ewigen Jagdgründe eingehen lassen, ist ihr Glück fast perfekt.

Und wie erst bei den Cremeriegeln, den nach Nüssen und Mandeln duftenden Meeresfrüchten aus heller Schokolade, der etwas herb schmeckenden Schokostreichpaste »Pastador« und den *bâtons,* dicken, gerippten Stangen mit viel Kakao.

Es ist nicht schwer, in Belgien hervorragende Schokoladen und Pralinen zu bekommen – in allen Städten, ja selbst manchmal in den Dörfern gibt es Niederlassungen der Traditionsbetriebe und kleinere Confiserien, die handgefertigtes Konfekt anbieten und ihre Kunden immer wieder mit neuen Kostproben ihrer Kunst überraschen. In der Brügger Katelijnestraat zum Beispiel taumelt man von einem Schaufensterdorado zum nächsten, hier glaubt man sich tatsächlich auf dem süßen Weg ins Zuckerwarenland.

Die alteuropäische Utopie des Cucania, des Schlaraffenlandes, wusste es noch besser: »Was ist denn schon im Paradeis als Blumen, Gras und grüne Reis?«, fragt der anonyme Autor einer irischen Ballade des 14. Jahrhunderts und kommt zu dem Schluss, dass nicht das Paradies, sondern Cucania, die Neue Welt, wie sein anderer Name lautet, der erstrebenswerteste Ort zu leben sei, immerhin feiert dort der Bauch bei allem dargebotenen Tafelluxus seinen größten Triumph. Die überlieferten Erzählungen verlegen dieses Land weit ins Meer, westlich von Spanien.

Vielleicht ist auch Hernan Cortés diesem Hinweis gefolgt, als er 1519 im Auftrag Karls V. Richtung Westen segelte. Am Ziel seiner Reise angelangt, sah er die vor lauter blühenden Kakaobäumen schäumenden Täler von Tenotchtitlán, des heutigen Mexico City, eine Szenerie, die ihm zwar großen Eindruck machte, ihn jedoch später nicht daran hindern sollte, das Aztekenreich auszulöschen.

Erst aber schickte Cortés Briefe an seinen Kaiser, in denen viel vom »Gold des Landes«, dem Kakao, die Rede war. Der

Aztekenkönig trank am Tag mindestens vierzig Tassen *chocolátl* aus Bechern aus purem Gold, einen wohlschmeckenden Cocktail aus Kakaopulver, Vanille und anderen Gewürzen.

Christoph Kolumbus hatte als Erster das Ritual des Schokoladetrinkens erlebt, ihm aber nichts abgewinnen können. Er probierte das Getränk und fand es bitter und zu sehr gewürzt. Den hohen Wert des Kakaobaums nahm er bei all dem Neuen, das ihm vor Augen und Nase kam, gar nicht richtig wahr. Cortés lernte die kräftigende Wirkung dieser dunklen Flüssigkeit schätzen, begriff ihren kommerziellen Wert und brachte 1527 die ersten Kakaosamen nach Europa: Ein Stück Schlaraffia gelangte in die Alte Welt.

Bis dahin waren die großen Kakaobüsche den Europäern völlig unbekannt, sie hatten noch nicht einmal irgendetwas davon raunen hören. Im Märchenfundus der Indios beanspruchten sie dagegen schon seit Jahrtausenden ihren festen Platz, dort wurde überliefert, vor Urzeiten seien allein die Götter würdig gewesen, ihre Früchte zu genießen.

Von nun an machte der Kakao unaufhaltsam Karriere, zuerst rund ein Jahrhundert lang als spanisches Getränk, denn alle Länder, in denen der Kakaobaum wuchs, gehörten der spanischen und portugiesischen Krone. Karl V. führte die Schokoladenzeremonie bei Hofe ein, bei der das Modegetränk dargereicht wurde, Ludwig XIV. tat es ihm nach. Die Schokolade beanspruchte ihre eigene Bühne, ihre eigene Tageszeit: Sie wurde am Morgen getrunken.

Durch seinen hohen Preis war der Kakao vorerst nur für den vermögenden Adel und Klerus erschwinglich, lange Zeit hatten allein sie das Geheimnis in der Hand. Erst im Zeitalter der Aufklärung trat der Kakao seinen richtigen Siegeszug an. Die Italiener reisten ins mittlere Amerika und brachten ihn nach Venedig und allmählich auch ins sonstige Europa. Im Hause Medici vermischte man den Kakao mit frischem Jasmin oder bereitete ihn mit Orchideenpulver, Orangenblüten und Mandelmilch zu.

Die Schokolade wurde zum Gegenstand von Oden und Kantaten, von gelehrten Abhandlungen in allen Sprachen. Richelieu war ein passionierter Schokoladetrinker, Voltaire füllte seine Tasse damit ein Dutzend Mal täglich, Napoleon griff zu seinem »braunen Getränk«, wenn er sich auf etwas besonders konzentrieren wollte. Auch Goethe und Alexander von Humboldt konnten bald nicht mehr auf sie verzichten.

Der schwedische Botaniker Carl von Linné gab dem Kakaogewächs einen wissenschaftlichen Namen. Ärzte sahen in ihm ein Allheil-, ja sogar ein Wundermittel und verschrieben Schokoladekuren gegen die verschiedensten Leiden. Wegen ihrer wundersam anregenden Wirkung hielt man die Schokolade für ein Aphrodisiakum, beargwöhnte sie deshalb eine Weile in England und zeigte sich in Deutschland ihr gegenüber skeptisch, doch lange hielten sich die Vorbehalte auch dort nicht. Dagegen huldigte man ihr neben Spanien besonders in Frankreich und Belgien – in der Luxuskurstadt Spa in den Ardennen mischte man ihr sogar ein bisschen Opium unter.

Dabei ist sie auch ohne jeglichen berauschenden Zusatz Götternahrung. Die bisher beste heiße Schokolade habe ich im Innenhof des Pariser Ritz getrunken, auf der für jeden zugänglichen Terrasse de Vendôme, egal, ob er in den heiligen Hallen des Hotels logiert oder nicht. Die zweitbeste *chocolat chaud* finde ich immer wieder in Belgien, zum Beispiel im Brügger Café Mozart am Huidevettersplein. Oder in der Zuidzandstraat im Belle Époque, einer Brasserie im Pariser Stil mit Stuckgirlanden an der Decke und einem darin eingelassenen Jugendstilfenster, mit falschen Marmorsäulen, echten Farnen und Palmen, weiß gedeckten Tischen und Polsterbänken in königlichem Rot sowie einem Katzentisch mit Büchern, um den kleinen Lesehunger zwischendurch zu stillen.

Richtig berühmt ist Belgien allerdings für seine handgemachten Pralinen. In einem alten Wiegenlied aus dem 18. Jahrhundert, mit dem heute noch Kinder Nacht für Nacht zwischen die Sterne gesungen werden und das auch mir von früher noch in den Ohren klingt, heißt es: »Fais dodo / Colas, mon p'tit frère / Fais dodo, t'auras du lolo / Maman est en haut / Qui fait du gâteau / Papa est en bas / Fait du chocolat …« (Schlaf ein, Colas, mein kleiner Bruder. Schlaf, du wirst etwas Süßes bekommen. Mama ist oben und backt Kuchen, Papa ist unten und macht Schokolade.)

Erfinder und also Vater der »belgischen Bonbons« ist der Schweizer Apotheker Jean Neuhaus, der 1857 in Brüssel eine »pharmazeutische Confiserie« eröffnete, wo er Hustenbonbons und Lakritzstangen verkaufte. Bald jedoch wurden nach einigen Selbstversuchen diese »Medikamente« von seinem Sohn durch Fruchtgelee, Karamellen und schließlich 1912 durch die ersten gefüllten Schokoladenhäppchen ersetzt und die *ballotins* kreiert, mit Gold- oder grünem Glanzpapier ausgeschlagene Kartons, in die man die kleinen Kunstwerke fortan verpackte, so aufwendig, als handelte es sich um Edelsteine.

Ein Jahr später nahm der griechischstämmige Amerikaner und Confiseur Leonidas Kestekidis mit seinen süßen Köstlichkeiten an der Weltausstellung in Gent teil, gewann die Goldmedaille, blieb im Land, machte eine Belgierin zu seiner Frau und seinen Vornamen zur Firmenbezeichnung.

Seitdem kann man sie auf den Wochenmärkten erstehen, wo sie pfundweise in Zellophantüten geschaufelt werden, oder aber in ihren edleren Varianten in den Chocolaterien. Dort ist die Luft satt von elysischen Düften, weiß behandschuhte Engel schweben hinter der Theke, greifen auf Wunsch zur feinen, silbernen Zange, um damit Manna und Ambrosia aus den Vitrinen zu picken: cremegefüllte Trüffel, Nougat und Krokant, sahnige Miniaturen mit den Namen von Aristokraten oder Göttern, sehr leicht vergängliche Kompositionen aus viel Kakao, Früchten und Mandeln, Butterkonfekt mit Whisky oder Champagner, so flüchtig, als seien sie nicht von dieser Welt, sondern überirdischer Natur.

Dass sie aber doch auf dieser Erde entstehen, davon kann man sich bei *The Chocolate Line* am Simon-Stevin-Plein in Brügge überzeugen. Im Atelier, das der Eingangstür der Chocolaterie gegenüberliegt, sieht man hinter einer großen, im unteren Teil von einer voluminösen Vitrine verdeckten Glasscheibe einen Teil der zehnköpfigen Truppe von Dominique und Fabienne Persoone-De Staecke so schwungvoll und kennerisch arbeiten, als probten sie als Jongleure, Dompteure und Zauberer für einen Zirkusauftritt.

An der Theke sind die vielerlei Sorten Pralinen mit zum Teil exotischen Aromen ausgestellt, ein Tisch präsentiert die »Fantasien des Monats«: Geigen, Hunde und Katzen aus Schokolade, daneben in Körben und auf Regalen weißer Früchtenougat, große Brocken Traubennuss, Mandelpaste und Marzipanäpfel, Konfitüren und hausgemachte Kuchen. Neu in der Kollektion der Schokobonbons sind die Pralinen mit Ingwer-, Curry- oder Chilifüllung, durch den Kinofilm *Chocolat* mit der schönen Juliette Binoche inspiriert und gleichzeitig eine Verbeugung vor den »Erfindern« des kostbaren Stoffes, den Azteken, denn sie tranken ihre heiße Schokolade oft mit Pfefferpulver gewürzt.

Seinen ans Geschäft grenzenden Teesalon hat Daskalides in Gent leider aufgegeben. Aber immer noch gibt es in diesen vier Wänden unweit der Sint-Baafskathedraal eine paradiesische Unzahl der verschiedensten Pralinen, von »Amandine« bis »Zuccherino«. Diese in wahre Glückszustände versetzenden Schöpfungen kann man dann, wenn man will, in den Brasserien rundum genießen, wo die Tauben zwischen Marmortischen und korbgeflochtenen Stühlen Jagd auf Waffelkrümel machen und die Kellner wiederum den Grauflügligen mit den Zeitungen vom Vortag nachstellen.

Alle berühmten Confiseure haben in Belgien Kultstatus: Man verehrt und feiert sie, Prinzen zeigen sich geschmeichelt, von ihnen in den Geschäften empfangen zu werden, und Künstler entwerfen für sie Skulpturen und Figuren. Auch umgibt die Chocolatiers nach wie vor der Hauch von Genie und Geheimnis. Ihre Rezepte vererben sie über Generationen weiter, und die Inhaltsstoffe ihrer Leckereien werden oft als Familien- oder Firmengeheimnisse streng gehütet.

Dem Vokabular und Tonfall nach zu schließen, wenn sie über ihre Arbeit sprechen, schweben Confiseure immer über den Wolken: Eine Leidenschaft sei die Schokolade, ein Traum, ein Coup de Foudre, jeden Tag aufs Neue ein Feuer. Außerdem habe sie etwas Magisches an sich, sie beteten diese Materie an, könnten keinen Tag ohne sie sein. Die Kinder dieser stürmischen Liaison heißen dann Venus oder Sappho, Casanova und Don Juan.

Manche ihrer Zunftgenossen verleihen der sinnlich-erotischen Komponente ihres Stoffs Gestalt und platzieren die Erhebungen der weiblichen Körperlandschaft mit und ohne Dessous aus filigraner, weißer Schokolade in die vorderste Reihe ihrer Schaufenster. Darunter steht dann auf einer Pappe: »Kamasutra – a nice present for your father or friend«.

Kunstliebhaber können einen echten Van Eyck aus Schokolade erstehen, süchtige Leser sich ihr Alphabet aus Zartbitterbuchstaben selbst zusammenstellen oder versuchen, über ein Handy aus Nougat die nächste Buchhandlung für ein richtiges Buch zu erreichen. Giebelhäuser aus Vollmilchschokolade gibt es, Eulen, um sie nach Athen oder Brüssel zu tragen, Drachen, die nicht Feuer, sondern Vanillecreme im Schlund haben. Die Schuhe würden vermutlich keinen Gang über sommerheißen Asphalt überleben, und die Fußbälle sind aus *chocolat blanc et noir* gemacht. Regenschirme gibt es, Schnecken und Steine, Würfel für süße Spiele und vieles mehr, eine ganze essbare Welt eben: Schlaraffia in Flandria.

# Eupener Verwicklungen
*Freddy Derwahl*

Als der ostbelgische Herbst kam und sich im Hertogenwald die Blätter färbten, begannen sich die Ereignisse zu überstürzen. Der nasse Asphalt der Vennstraßen glänzte bläulich, am großen Horizont des Herver Landes war noch eine Spur Sonnenglut, dann brach die Dunkelheit überfallartig herein. Albert hat in dieser Zeit die Strecke hinauf und hinab in die Eifelgemeinden mehr denn je befahren. Meist geschah es angespannt; die sich häufenden Versammlungen dauerten bis spät in die Nacht. Es ging um wichtige Forderungen an die Adresse Brüssels, um strategische Orientierungen innerhalb Ostbelgiens, um die Bedeutung von Begriffen, jedoch auch um Personalentscheidungen, die in geheimer Sitzung als letzte Tagesordnungspunkte behandelt wurden und die stets die heikelsten waren.

Allein der Tagungsort dieser Sitzungen des CVP-Vorstands und der Delegiertenversammlung – ein dunkles holzgetäfeltes Sälchen im Restaurant Zum Trouschbaum in Elsenborn – bot Anlass für symbolische Überlegungen. Er lag mehr oder minder zentral zwischen Eupen und Vith und stellte ein Gleichgewicht der Distanzen her. Unter dem alten Baum, der schon längst gefällt war, hatten früher standesamtliche Rituale stattgefunden. Der Ort beherbergte obendrein eine große Kaserne mit angrenzendem Militärgelände, dessen Wald- und Moorlandschaft dem Ruf »Elsenborn, o Elsenborn, dich schuf der Herr in seinem Zorn« auf denkwürdige Weise gerecht wurde. Bereits zur Preußenzeit fanden hier Herbstmanöver statt, die von kaiserlichen Militärs mit Federbusch und Feldstecher inspiziert wurden. Nahte der Zapfenstreich, rückten mit Bierfässern beladene Fuhrwerke an, und ringsum im Kasino, in den Schenken und Absteigen begannen nicht minder heftige Manöver. Der Trouschbaum-Wirt, ein fideler älterer Herr für alle Lebenslagen, wusste hinter vorgehaltener Hand zu berichten, dass auch die belgische Zeit »nicht ohne« war. Die niederen Ränge der *ploucs* amüsierten sich auf den Kartoffelsäcken hinter einer Frittenbude mit den aus dem Lütticher Bahnhofsviertel nachgerückten Damen. In einer etwas abgelegenen, von diskreten Wachposten gesicherten Waldhütte fanden anspruchsvollere Gelage mit besserer Besetzung statt. Die Vorzüge dieses windumsausten Verstecks sollen sich sogar bis in »allerhöchste Kreise« herumgesprochen haben, nachdem für den Nachschub zuständige Lieferanten tuschelten, bei den vom Gouverneur arrangierten Jagdpartien auch eine durchlauchtere Schönheit gesichtet zu haben. Albert horchte auf, der Alte betonte grinsend »O Elsenborn … ich habe nichts gesagt«, aber beide glaubten zu wissen, wer die Madame im grünen Lodencape gewesen war.

Die stürmischen Sitzungen der kleinen Regionalpolitik fanden somit auf traditionsreichem Boden statt. Hans Weykmans und seine Freunde aus dem nahen Weywertz und Bütgenbach fühlten sich wie bei einem Heimspiel. Die Parteikollegen aus dem St. Vither Land fuhren in proppenvoll geladenen Volkswagen vor und traten geschlossen wie eine Kampfpatrouille in den Versammlungsraum. Die Delegierten aus Eupen und Kelmis kamen stets mit Verspätung und scharten sich wie Küken um Staatssekretär Frings, der sie zwischen dem Forsthaus Schwarzes Kreuz und dem Signal de Botrange auf eiserne Solidarität eingeschworen hatte. Die Konfrontationen in Sachen eigener Wahlkreis, Dekretbefugnis für den zu bildenden Kulturrat oder Zugehörigkeit zur Provinz Lüttich waren deftig und kräftig wie bei jenen kaiserlichen Manövern. Frings focht um Dinge, die, seiner Ansicht nach, »drin waren«; es war allerdings sehr wenig »drin«. Die akademisch geschulten Sprecher der Eifelsektionen forderten verfassungsrechtliche Visionen und eine härtere Gangart. Einverständnis gab es selten, dafür jedoch akrobatische Kompromisse zu mitternächtlicher Stunde, nachdem Schlabbertz Laurenz, der Eiferer aus dem Ourgrund, mit knallenden Türen das Lokal vorzeitig verlassen hatte. Wenn sich dann schließlich die Versammlung auf den nächstmöglichen Termin vertagte und mit rauchenden, hochroten Köpfen in den Schenkraum trat, saß Albert mit dem Wirt bei einem Gläschen Elsässer in der Ecke am Kachelofen und haderte mit der Zukunft einer Autonomie der Deutschsprachigen, die umstrittener nicht sein konnte. All das, was hier mit rhetorischen Klimmzügen und verzweifelten Interventionen als »unsere Selbstständigkeit« debattiert wurde, war nichts anderes als die alte Gretchenfrage der stets ungefragten Grenzregion: Wer sind wir eigentlich? Wohin gehören wir?

Nachdem Weykmans' Direktwahl in den Senat, das Nachrücken über die Listenverbindung sowie eine Berufung zum Staatssekretär gescheitert waren, blieb für ihn nur noch die Präsidentschaft im ersten »Rat der deutschen Kulturgemeinschaft«, der in den Herbsttagen eingesetzt werden sollte. Diese konnte ihm allerdings niemand mehr verweigern. Obwohl im Vergleich zu den flämischen und wallonischen Regionen mit kaum nennenswerten Kompetenzen ausgestattet, wurde die Gründung dieses Rates von politischen Beobachtern als ein erster wichtiger Schritt gewertet. Kurt Buchenbaum gelang es, in der *Neuen Zürcher Zeitung* einen Bericht über die neue belgische Institution zu veröffentlichen. Der Brüsseler Korrespondent der *Frankfurter Allgemeine,* Ernst B. Flobbert, erschien zur feierlichen Einsetzung im Ratsgebäude am Eupener Kaperberg. Einflussreiche flämische Journalisten erkannten einen »Durchbruch in Deutschostbelgien«, während die frankofone Presse auf vorsichtige Distanz zu der neuen föderalen Richtung des Staates ging. Weykmans leistete seinen Amtseid vor den laufenden Kameras der beiden belgischen Fernsehanstalten RTB und BRT. Frings hatte zum Festakt gar die Saaldiener des Abgeordnetenhauses eingeladen, die im feierlichen Livree, wie bei einem Staatsakt, zwischen den engen Bänken Protokolldokumente, Stimmzettel und Redetexte verteilten.

Die Antrittsrede des ersten Ratspräsidenten, die ihm ein Germanist der Universität Lüttich geschrieben hatte, handelte von einem »Heimatbegriff«, der über anheimelnde Idylle und Selbstbespiegelung hinausging. Heimat nicht als geografische Einheit, sondern als ein Ort, wo sich Liebe und Freundschaft finden lasse, so variierte er ein Zitat von Max Frisch. Albert hat es sich gleich notiert. Die noch viele Fragen offenlassende Autonomie sei eine bleibende Aufgabe. Niemand in Belgien müsse sie fürchten, sie könne jedoch alle bereichern. Hier nahe kein »neues Deutschtum« auf leisen Sohlen, sondern die solidarische Nachbarschaft der »großen deutschen Kulturnation« nicht nur Goethes und Schillers, sondern auch Bert Brechts, des Schweizers Friedrich Dürrenmatt, des Österreichers Thomas Bernhard. Ausdrücklich erwähnte er auch den galizischen Trinker Joseph Roth und den Elsässer René Schickele. Die kleine Zahl der deutschsprachigen Belgier sei kein Nachteil, so wenig wie Luxemburg in der Europäischen Gemeinschaft als überflüssig empfunden werde. Im Zuge der Erweiterung Europas und der unaufhaltsamen Föderalisie-

rung Belgiens könne gerade eine kleine Gemeinschaft hilfreiche Dienste der Verständigung und Annäherung leisten. Die
Ratsmitglieder erhoben sich von ihren Sitzen, als der Präsident
mit einem Bekenntnis zur deutschen Muttersprache abschloss:
»Ihr gehört unsere Liebe und unsere Treue.«

Später beim Festbankett ist diese Rede vor allem am Pres-
setisch eifrig diskutiert worden. Die wallonischen Reporter
hatten erst kurz vor der Übermittlung ihrer Berichte an die
Redaktionen die französischsprachige Fassung des Textes gelesen und begannen zu begreifen, dass hier ein Boot abgelegt
hatte, dessen Kurs mit einem vermeintlichen »Narrenschiff«
nicht zu vergleichen war. Buchenbaum ließ keine Gelegenheit
ungenutzt, auf die Bedeutung der herausragenden Passagen
hinzuweisen. Mit staunender Skepsis saßen sich bei geräu-
chertem Salm und Hasenrücken mit Rotkohl die Journalisten der *Libre Belgique* und des *Het Laatste Nieuws* gegenüber;
Weine aus Sancerre und Nuit-St-Georges taten ihr Übriges.
Frings hatte selbst die Parlamentsdiener zu Tisch gebeten,
und es wurde ein sehr belgischer Abend. Da und dort erschall-
ten Gesänge. Ein sozialistischer Minister aus Flémalle-Haute
stimmte *Valeureux liègeois* an, die flämische Staatssekretärin
für Raumordnung antwortete mit *Mooie Moelen,* während
der Ratspräsident vom Ehrentisch aus *Kein schöner Land*
dirigierte.

Im Brüsseler Königshaus, das nach der Revolution von 1830
aus dem Hause Sachsen-Coburg-Gotha hervorgegangen war,
erkannte man in der kleinen deutschsprachigen Gemeinschaft
einen sympathischen Tupfer, der den landesweiten Sprachenstreit etwas aufheiterte. Obwohl in der Presse, aus Gründen
der Diskretion, traditionell nur mit einer Zweizeilenmeldung
bedacht, blieb nicht unbemerkt, dass König Baudouin wenige
Tage nach dem Eupener Festakt Ratspräsident Weykmans zu
einer Audienz im Schloss von Laeken empfing. Der von Al-

bert gesteuerte Wagen wurde von einer Gendarmerie-Eskorte vor den Treppenaufgang geleitet; der persönliche Berater des Staatsoberhauptes führte ihn in die oberen Gemächer; der Vorsitzende hinkte – vorbei an den Porträts fürstlicher Diplomaten und brabantischer Feldherren – über einen Säulengang in die königlichen Gemächer. Dann schlossen zwei Diener mit weißen Handschuhen die Flügeltüren.

Als Weykmans nach dreißig Minuten wieder ins Freie trat, der Berater des Palastes ihm die Wagentür öffnete und ihn mit besten Wünschen verabschiedete, bemerkte Albert, dass sein Freund, der Präsident, beim Verlassen des Schlossparks zum Taschentuch griff und sich eine Träne aus dem Gesicht wischte.

»Er ist ein großer Herr, es war eine große Stunde.« Albert sah weg und dachte: »Er übertreibt.« Dann tauchte der Wagen in den Brüsseler Mittagsverkehr und verschwand in der Unterführung an der Basilika von Koekelberg.

Obwohl der neue Rat für die zentralen Fragen Ostbelgiens gar nicht zuständig war und bestenfalls kaum ernst genommene Resolutionen und Empfehlungen nach Brüssel senden konnte, fanden in dem aus allen Nähten platzenden Plenarsaal auf der ersten Etage des ehemaligen Bürgerhauses am Kaperberg leidenschaftliche Debatten statt. Neben der traditionell stärksten Partei CVP hatten inzwischen auch die im Brüsseler Regierungsviertel einflussreichen Sozialisten und Liberalen Kulturratsfraktionen gebildet, die mit eigenen Vorstellungen an die Öffentlichkeit traten. Heftigen Widerstand leistete jedoch die Sprachopposition, die nicht zulassen wollte, dass die neue Institution zu einer Stätte der politischen Verharmlosungen geriet. Selbst um lapidare Formalitäten und protokollarische Details wurde verbissen gestritten. Die Ernennung eines Dienstboten geriet zum Politikum.

Dabei wurde jedoch bald ein Dilemma deutlich: Die ausschließlich sprachpolitisch argumentierende Opposition war den sogenannten »nationalen« oder »traditionellen« Parteien mit ihren Forderungen weit voraus, sah sich jedoch als Minderheit deren Block gegenüber. Die unmittelbare Folge war, dass sich die Mehrheit personalpolitisch bestens bediente sowie – mit einem wohlüberlegten zeitlichen Abstand und entsprechender »Texttoilette« – die vorher verteufelten Vorschläge der Minderheit moderat abkupferte.

Keine Frage, dass in diesem Schwebezustand institutioneller Ungewissheit der sich stets an Brüsseler Verfassungsreformen orientierende Block und die auf Unabhängigkeit pochende Opposition unversöhnliche Debatten lieferten. Während die eine Seite erklärte: »Wir sind zu klein, um allein davonzupreschen«, konterte die andere: »Genau darin liegt der Sinn unserer Autonomie.« Dass die Wahrheit, wie so oft schon, in der Mitte lag, wurde erst Jahre später erkannt.

Herausragendes Debattenthema war die Frage, ob sich diese »Kulturgemeinschaft« als »deutsche« oder »deutschsprachige« bezeichnen sollte. Der ursprüngliche Name »deutsche Kulturgemeinschaft« war der politischen Ahnungslosigkeit eines wortgetreuen Übersetzers der Brüsseler Parlamentsverwaltung entsprungen. Zwar geisterte er als missverständliches Fragezeichen durch die Öffentlichkeit; doch sollte das möglichst bald korrigiert werden. Erstmals seit der feierlichen Ratssitzung reisten zu dieser Debatte auch Kurt Buchenbaum und einige flämische Journalisten nach Eupen. Im Inland und in der zunehmend von deutschen und österreichischen Bundesländern ernst genommenen Hauptstadt Brüssel hörte man die Flöhe husten. Es ging um die Orientierung einer neuen Generation, jedoch auch um alte Wunden und sensible Grenzfragen. Nicht nur das detaillierte Für und Wider wurde ausgetauscht, sondern auch die Litanei aller erdenklichen Vorwürfe und Verdächtigungen, die eine schwierige Geschichte in diesen engen Landstrich angespült und hinterlassen hatte. Letztendlich setzten sich die Mehrheitsparteien mit ihrem Vorschlag »deutschsprachig« durch. Er signalisierte einen feinen, jedoch markanten Unterschied. Er hatte etwas mit Sehnsucht und mit Fakten zu tun.

Albert hat diese heftige Debatte nur am Rande verfolgt, er las in der Zeitung die Schlagzeilen und Bildtexte. Sie reichten schon, denn sie waren nur ein weiteres Indiz für die tiefen Risse, die mitten durch dieses Ländchen gingen, dessen neue Schicht feierabendlicher Volksvertreter sich seit Einsetzung des Rates mit kleinstaatlichen Attributen zu zieren begannen. Schon wurde über ein Wappen, eine Fahne und einen eigenen Feiertag nachgedacht, obgleich in den grundsätzlichsten Fragen eines in etwa normalen Zusammenlebens abgrundtiefe Differenzen bestanden. Kurioserweise berührten sie nicht das Gros der Bevölkerung, das sich allein schon bei dem Hoheitsbegriff »Rat der deutschen Kulturgemeinschaft« verschaukelt gefühlt hatte. Man war weder deutsch noch eine Gemeinschaft; mit Kultur hatten es die wenigsten. Ungläubig staunend, manchmal auch mit schallendem Gelächter, verfolgten die Menschen das politische Gerangel der Ratsmitglieder. Albert schloss sich diesem parteiübergreifenden Kopfschütteln an und flüchtete zu den Autoren, die sein Freund, der Präsident, bei seiner Antrittsrede in ahnungslosem Wohlklang abgelesen hatte:

Brechts Galilei im Anblick der schrecklichen Instrumente der Inquisition, Dürrenmatts Kommissar Bärlach, todkrank vor einer Flasche Dôle oder Thomas Bernhards römischer Emigrant Murau beim Rätseln über seinen Herkunftskomplex. Jede dieser Figuren gab auf ihre Weise Auskunft darüber, was »Heimat« in ihrer tödlichen Verherrlichung eigentlich sein konnte. Galilei sagte illusionslos: »Glücklich das Land, das keine Helden nötig hat.« Bärlach tröstete sich im Rotwein.

Murau antwortete auf die Frage, was er denn eigentlich und insgeheim sei, »ein Übertreibungskünstler«, nur so sei die Existenz auszuhalten.

Die Frage nach seiner »Identität« drängte sich Albert auf völlig unromantische Weise auf, denn nach der Beförderung seines Kabinettchefs zum Präsidenten waren die schönen Tage als Chauffeur gezählt. Weykmans' Fahrten beschränkten sich auf Besuche von Vereinsjubiläen, Heimatabende und Beerdigungen im trauten Umkreis der neun deutschsprachigen Gemeinden. Zwar nahm er auch dann und wann in Brüssel Repräsentationsaufgaben wahr, aber das reichte bei Weitem nicht für eine Vollzeitbeschäftigung. Der Zufall wollte es, dass zu dem Haus eines ruinierten Textiladeligen, in dem es sich der neue Rat bequem gemacht hatte, ein parkähnlicher Garten gehörte, der dringender Pflege bedurfte. Der Vorschlag des Präsidenten, dafür einen hauptberuflichen Gärtner einzustellen, der auch kleine Arbeiten als Hausmeister und Botenfahrten übernehmen könne, stieß sofort auf einhellige Zustimmung im Ratspräsidium. Man wünschte sich einen respektablen Rahmen, der Garten, der ab sofort nur noch »die Anlage« oder »der Park« genannt wurde, sollte nicht nur die geeignete Kulisse für sommerliche Empfänge bieten, sondern auch den Ratsmitgliedern für stimmungsvolle Spaziergänge und vertrauliche Gespräche dienen.

Albert wurde kurze Zeit später mit Stiefeln, Schürze, Ölzeug, Strohhut, Kappe und Gummihandschuhen ausgestattet. In der alten Garage richtete man ihm eine kleine Werkstatt ein. Vom Spaten bis zum Rasentraktor wurde kein Werkzeug ausgespart. Er kaufte Saatgut, Blumenstauden und Rosenstöcke, mauerte rund um eine uralte Platane eine Sitzbank, stellte in diskreter Entfernung weiße Gartenstühle auf und plante für das nächste Frühjahr den Bau eines Springbrunnens. Sehr schnell begriff er, dass der Begriff »Arbeit« in diesem Hohen

Haus der Suche nach politischer Daseinsberechtigung eine eher kontemplative Bedeutung hatte. Die Arbeitszeit der hier nach Parteiproporz ausgewählten Beamten war nicht nur gleitend, sondern bisweilen auch ruhend. Sie wurde von mehreren Kaffeepausen unterbrochen, die, in längere Gespräche ausufernd, keineswegs unzulässig, sondern erwünscht waren; eben zu einer öffentlichen Einrichtung des Dialogs passend. Niemand schämte sich einzugestehen, nicht zu wissen, was eigentlich zu tun sei. Es ging ja um Selbstfindung. Die flehentlich gesuchte Bürgernähe galt auch nach Feierabend, wenn das Verwaltungspersonal vollzählig – von Direktor Beckmann bis zum Pförtner Fränzchen Flück – zu einer Runde durch die Eupener Gaststätten aufbrach. Das gute Betriebsklima förderte bald auch engere Bindungen, denen der Chef mit gutem Beispiel voranging: Die Nachtschicht, als sich die zur Sachbearbeiterin beförderte brünette Schreibkraft aus Nieder-Emmels ans Klavier setzte und Beckmann piano nach ihren Knöpfen tastete, bleibt den Beamten der ersten Stunde unvergessen.

Die Hippiewelle mit ihren Blumenmädchen, Kommunen und freier Liebe hatte den Eupener Kulturrat mit der atlantischen Verspätung von etwa fünf Jahren erreicht, doch ließ sich deren etwas ländlichere Variante in Alberts Samenschuppen bestens pflegen. Die im Kreis der Ratsmitglieder und Verwaltungsangehörigen hinter vorgehaltener Hand gestellte Frage, ob es sich neben dem Hortensienbeet um eine Laube oder ein Liebesnest handelte, wurde vom Gärtner in akribischer Geschäftigkeit ignoriert. Den Strohhut oder die Mütze tief in der Stirn, grub er im Umkreis seiner Werkstatt eifrig das Erdreich um. Geduldig kniete er vor den Parkhecken und jätete Löwenzahn und Klebekraut. Verträumt saß er auf dem knatternden Rasentraktor und fuhr jedes Mal, wenn sich eine unerwünschte Person der Schuppentür näherte, dicht an die Werkstatt heran und versperrte den Eingang. Er hatte Strohballen und

Torfsäcke anschaffen lassen, deren Geruch den Honorarbuchhalter zu der Frage veranlasste, ob er in seiner »Hütte« Ziegen halte.

Begab sich Albert in den Wintermonaten zur Aushilfe in die Druckerei oder an das Fotokopiergerät, staunte er immer wieder über den gesammelten Ernst, mit dem es die Mitglieder und das Personal im Ratsgebäude schafften, die Harmlosigkeit ihres Tuns als staatsmännische Aufgabe zu verklären. Die Papierproduktion offizieller Dokumente und Drucksachen stand nicht still. Nahezu erfinderisch gelang es den Fraktionen, angetrieben von den drängenden Forderungskatalogen der Opposition, stets neue Anläufe in den politischen Aktionismus zu starten. Präsident Hans Weykmans stand dabei keineswegs zurück, sondern ließ sich tagtäglich eine randvolle Unterschriftenmappe vorlegen, in der sich persönliche Interventionen für seine Sprechstundenklienten, Beantwortungen von Einladungen und die laufenden Geschäfte des Rates umfangreich mischten. Auch wurde keine Gelegenheit ausgelassen, zu Empfängen und anderen Festlichkeiten einzuladen, um der neuen, von der Bevölkerung beargwöhnten und von Büttenrednern mit virulenter Häme aufs Korn genommenen Einrichtung ein Image spendabler Gastlichkeit zu vermitteln. Dabei entwickelte die Verwaltung eine logistische Routine, in der auch die höheren Beamten eingespannt wurden, mangels anderweitiger Aufgaben den Mayonnaiselöffel zu rühren, über Kartoffelsalate Petersilie zu streuen oder die Champagnertabletts anzureichen.

Die Geschäftigkeit der Ausschüsse und das Rotieren der Administration waren jedoch nur durchzuhalten, weil der Brüsseler Wechsel vom Zentral- zum Föderalstaat im entfernten Eupen Hoffnung auf neue Wichtigkeiten verbreitete. Im Sinne der neu entdeckten »Bundestreue« wurde nur noch nach oben korrigiert. Da konnte es passieren, dass ein ehemaliger Eisverkäufer in den Rang eines Spitzenbeamten aufstieg oder ein uriger Amateurboxer am Rednerpult mit der in Parlamenten üblichen Eingangsformel »Herr Präsident, verehrte Kolleginnen und Kollegen« die Kriterien zur Verleihung von Kulturnadeln ablas. Beendet wurden solche Berichte stets mit einem ausdrücklichen Dank an die »kenntnisreiche, gewissenhafte Verwaltung«, deren einsichtigeres Personal sich ein kurzes Schmunzeln nicht verkneifen konnte. Im Rat war guter Rat eben teuer. Eigentliche Politik wurde erst im Anschluss an die sich häufenden Sitzungen gemacht, wenn Mehrheit und Opposition in trauter Gemeinsamkeit das am Rande des Hertogenwaldes gelegene Wirtshaus Waidmanns Dank aufsuchten und die politische Wahrheitsfindung mit anderen Mitteln fortsetzten. An diesen basisdemokratischen Debatten beteiligten sich nunmehr auch außenstehende Beobachter, Pressevertreter, der angesäuselte Hausmeister und Stammtischbrüder, bis sich schließlich die Kampfhähne im Schutz der Nacht auf die Kilometergeldfahrt nach Hause machten.

Bald wandelte sich der »Rat der deutschen Kulturgemeinschaft« in einen »Rat der deutschsprachigen Gemeinschaft« und geriet zu einer Arbeit beschaffenden Institution, die ihr dichtes Netz amtlicher Kontrolle und politischen Gönnens über Vereine und Vereinigungen des ganzen Gebietes legte. Wie mit der Gießkanne seines emsigen Gärtners ließ das Ratsplenum die Fördergelder über die sich drängenden Antragsteller rauschen, deren Schatzmeister bald erfinderische Klimmzüge entwickelten, um in die Gunst des Geldsegens zu gelangen. Kurze Zeit später kam es im Rat zu einem ersten handfesten Skandal, dem mit einem »Untersuchungsausschuss« zu Leibe gerückt wurde. Sogar über eine »Abhöraffäre« berichtete die Presse, deren Spuren sich allerdings im Kabelgestrüpp der Telefonzentrale verloren.

Albert bemerkte bei diesem Ringen um Pfründe und Ein-

fluss eine andere, eher landsmännische Variante: Die Vertreter
der Eifel waren ihren Kollegen aus dem Eupener »Butterländ-
chen« nicht nur argumentativ, sondern auch strategisch weit
voraus. Ihre vorausblickende Vorstellung von Autonomie war
betont personalintensiv. Noch ehe die Eupener richtig begriffen hatten, was die Eifeler eigentlich forderten, hatten diese die
entsprechenden Posten längst besetzt. Dabei waltete die mas-
siv vorgetragene Überzeugung, dass, je weiter die Deutsch-
sprachigkeit getrieben wurde, umso mehr Stellen abfielen.

Einziger Nachteil dieser Beschäftigungspolitik war, dass die
in den Parteistrukturen des Landesinneren nicht veranker-
te Opposition vom reichen Segen der Ernennungen, Beruf-
ungen und Beförderungen weitgehend ausgeschlossen blieb.
In Wahlkämpfen präsentierten sich die Autonomsten zwar als
»treibende Kraft«, doch lästerten die sich auf den Futterkrip-
pen rekelnden Mehrheitsparteien, es handle sich dabei um eine
»treibende Kraft im Leerlauf«.

»Sie sind ein Lotteriekandidat«, schleuderte der NSU-Rats-
herr Jo Göbel dem soeben vereidigten liberalen Zufallssenator
Friedrich Klein entgegen. Der Zorn rührte auch daher, dass
der Gewählte, ein jovialer Eupener Hühnerfarmer, die Au-
tonomieforderungen aus der Eifel für akademischen Unfug
»hart am Rande des Landesverrats« hielt.

Drohte die Sitzung auszuarten, rief der Ratspräsident: »Lasst
uns Mensch bleiben« – und schaffte es mit einigen rührenden
Mahnungen, die verbalen Nahkämpfe auf die inoffizielle Sitzung in der Waldschenke zu vertagen.

Ohnehin war Weykmans' Autorität gewachsen. In seinem
Amt als erster Repräsentant der Deutschsprachigen fühlte
er sich wie ein Fisch im Wasser. Im Protokoll des königlichen
Palastes rangierte er inzwischen an sechster Stelle, wurde von
seinen ehemals vorgesetzten Ministern als »Monsieur le Prési-
dent« begrüßt und auf Staatsbanketten ausländischen Gästen

als belgische Spezialität vorgestellt. Von Parteiengezänk blieb er verschont. Es entsprach seinem Bedürfnis nach staatstragender Harmonie. Er war allen bösen Demontageversuchen entrückt; sein Intimfeind Guillaume Frings versank langsam im Pflaumenschnaps. Dr. Schunk und der harte Kern der »Hochdeutschen« nahmen – aus Respekt vor seinem hohen Amt – Abstand von weiteren Attacken. Mehr denn je glaubte Weykmans an sein »kleines Reich«, das er sich im Chaos belgischen Sprachenstreits und europäischer Expansion als eine idyllische Wetterecke ausmalte.

Im Grunde war Weykmans der Einzige, der den Gärtner in »diesem Laden« noch hielt. Dass er so lange schon auf den Parkwegen das Laub zusammenfegte oder die Rosenstöcke beschnitt, hatte etwas mit Zuneigung und Mitleid zu tun. Der Präsident war sein väterlicher Freund. Keiner wusste wie er, wie viel Güte und Empfindlichkeit sich hinter seinem bukolischen Auftreten verbargen. Gewiss waren seine verschwommenen Heimatgefühle nicht die des jungen Vertrauten, doch er heuchelte nicht, das ließ nicht unberührt. Wenn er am Abend unter den Torbogen des Ratsgebäudes trat, schwer und hinkenden Schrittes, spürten beide, dass sich ihre Wege zu trennen begannen. Albert sah ihn gehen, schloss seinen Schuppen und kehrte in die Stadt zurück, deren monotone Zuversicht ihn zunehmend deprimierte. Er trank im Columbus zwei, drei Bier und wusste, dass sich die behagliche Eupener Langeweile jetzt in die vermeintliche Wichtigkeit einer kleinen Hauptstadt wandeln würde. Das, was man als »Gemeinschaft« beschwor, hielt er für ein Konstrukt, die viel zitierte »Grenzenlosigkeit« für eine Illusion. In den Köpfen der neuen, dritten Belgier geriet bereits Lüttich zur wallonischen Fremde.

Horst hörte sich diese Klagen mit einem gütigen Kopfschütteln an und konterte: »Der Staat ist immer ein Apparat. Du verwechselst ihn mit einer untreuen Geliebten.«

»Vielleicht ist er auch nur eine Hure.«

»Auch Huren haben ein Herz.«

»Ihr Juden redet immer so weise über das Heimatlose.«

»Wir wurden aus der Heimat vertrieben.«

»Ich möchte wie ihr: zu Hause sein in der Fremde.«

»Zu Hause ist man nur, wo man geliebt wird.«

»Sag mir, wo das ist, und ich ziehe hin.«

»Geliebt ist man dort, wo man schwach sein darf ...«

Wenige Tage vor Weihnachten brach Präsident Hans Weykmans an seinem Schreibtisch zusammen. Eine Kristallvase mit Tannenzweigen und Lametta zersplitterte am Boden. Die Sekretärin öffnete erschrocken die Tür, schrie auf und lief davon. Der Verwaltungschef und zwei in Ausschüssen tagende Ärzte eilten ins Zimmer. Draußen auf dem Flur drängte sich das Personal. Als sie Albert riefen, hörte er in der Ferne schon die Sirene des Notdienstwagens. Er bahnte sich einen Weg in den Raum und erstarrte. So hatte er den Chef noch nie gesehen: bläulich, mit halb offenem Mund und kaltem Blick, eine blonde Haarsträhne in der Stirn, den Federhalter in der Hand, Spritzer der umgestoßenen Kaffeetasse auf der weißen Manschette. Er war tot.

Als sie Weykmans hinaustrugen, huschte das Blaulicht des Notdienstes über das Pflaster. Drei Wagen eilten ihm hinterher. Die Sirene blieb ausgeschaltet. Einige Sekretärinnen weinten. Es war bitterkalt. Die Fenster des Ratsgebäudes leuchteten gelblich, geschäftig in dieser Stille. Noch immer standen die beiden Türflügel des Präsidentenzimmers offen. Auf dem Schreibtisch klingelte das Telefon, jemand zog den Stecker heraus. Neben der Unterschriftenmappe stand das schwarze Lederköfferchen, bereits geöffnet für den Aufbruch ins lange Festtagswochenende. Vor der Unterlage ein Familienfoto im Silberrahmen; über dem Kaminsims Porträts des Königspaares. In der Ecke, hinter dem Lametta des Tannenbaums, die belgische Flagge. Die Küchenhilfe räumte die Tasse weg und wischte mit einem Tuch über die Tischplatte. Albert roch Harz und Zigarrenrauch. Jemand klopfe ihm auf die Schulter, doch er sah sich nicht um und sagte: »Verdammte Scheiße.«

Bevor der Leichnam des Ratspräsidenten am nächsten Tag nach Weywertz überführt wurde, kam es noch zu einem Ereignis, das Albert erschüttert hat. Er war damit beschäftigt, die ersten Kränze und Blumengebinde vor der Leichenhalle des Eupener St.-Nikolaus-Hospitals für den Transport bereitzustellen, als ein Polizeifahrzeug die Toreinfahrt passierte. Mehrere Beamte stiegen aus, darunter zwei Personen in Zivil. Sie begaben sich nicht nur an den offenen Sarg, sondern inspizierten auch die nähere Umgebung mit nahezu geheimdienstlichem Misstrauen. Nach einem Wink des Älteren betraten alle, mit Ausnahme des Fahrers, das Innere des alten Krankenhauses, in dem sich jetzt eine Pflegeschule befand. Es stehe hoher Besuch bevor, verriet der Fahrer den Umstehenden und bat darum, den Innenhof zu räumen. Lediglich Albert, dem er offenbar einige hilfreiche Handgriffe zutraute, durfte bleiben.

»In einer halben Stunde wird der König hier eintreffen«, sagte der Polizist. »Der Palast verlangt strengste Diskretion.«

Wenig später trafen weitere Wagen mit Sicherheitsbeamten ein, die das gesamte Krankenhausgelände absperrten. Durch das Blaulicht angelockte Neugierige wurden zurückgedrängt. Dann waren in der Luft schon die Rotoren des königlichen Hubschraubers zu hören; ein geschäftiges Schnattern, wie Wildgänse am grauen Winterhimmel. Die Maschine zog einen breiten Bogen über dem Krankenhausareal und landete auf dem für Notdienste reservierten Platz im unteren Teil des Parks Klinkeshöfchen. Ein Offizier, der mit einer Hand seine Mütze festhalten musste, öffnete mit der anderen die Glastür. Der Bürgermeister, der Ratssekretär und der Krankenhausdirektor traten an die Maschine und begrüßten König Baudouin, der sich, vorbei an den Weißdornhecken, zu Fuß zum Toreingang des alten Spitals begab. Albert stand links neben dem Eingang zur Leichenhalle. An seiner Seite befanden sich einige Krankenpflegerinnen und die Oberin des benachbarten Franziskanerinnenklosters, die wegen der klirrenden Kälte Mäntel über ihrer weißen Dienstkleidung trugen. Bedächtigen Schrittes näherte sich der König der hohen Pforte des Anbaus. Er trug einen Mantel aus braunem Loden, als habe er ihn eigens für die winterlichen Ostkantone angelegt; er war glatt und lang und verlieh dem Monarchen ein fast priesterliches Aussehen. Der Bürgermeister wies ihm mit einer verlegenen Handbewegung den Weg. Unmittelbar am Eingang zur Leichenhalle gab ihm der hohe Gast mit einem Lächeln des Bedauerns zu verstehen, dass er jetzt allein sein wolle. Das Gefolge trat einen Schritt zurück. Es roch nach Kerzen und frischem Tannengrün. Dann betrat der König die Leichenhalle und schloss die Tür vorsichtig hinter sich zu.

Das von Albert seit Kindertagen beargwöhnte Staatsoberhaupt blieb fast zehn Minuten allein an diesem brisanten Ort. Ringsum herrschte Schweigen, das nur vom Schluchzen der Witwe unterbrochen wurde, die mit ihren beiden halbwüchsigen Söhnen und dem Notdienstpersonal am Eingang zur Pflegeschule Aufstellung genommen hatte. Die Familie trug feierliches Schwarz, das im beginnenden Schneefall noch erschreckender wirkte. Die Flocken trieben über die Betonplatten in die Ligusterhecke. Als sich endlich wieder die Tür öffnete, stand Albert ganz nah bei ihm und erkannte hinter dem braunen Ärmel des königlichen Lodenmantels das polierte Holz des Sarges und die gelblichen, gefalteten Hände des Toten. Den Blick des Königs hat er nie vergessen. Müsste er diesen Ausdruck beim Namen nennen, würde er ihn weder als souverän noch als betroffen bezeichnen; auch wirkte er nicht abwesend oder dienstlich ernst. Er fand kein Wort dafür. Erst viel später hat er ihn »mystisch« genannt. Man möge ihm verzeihen, aber so stellte er sich Heilige vor: still, grandios, undramatisch von innen leuchtend. Dem entsprach auch die Art, wie sich der Monarch zu Frau Weykmans und ihren Söhnen beugte; männliche Anteilnahme, die alles verstanden hatte und sie in seinen Schutz nahm. Die Witwe hielt ein Taschentuch vor ihre rote Nase. Zu einem persönlichen Gespräch zogen sich alle in einen Gastraum zurück. Nach einer Viertelstunde erschienen wieder die Zivilbeamten, doch traten die wenigen Zuschauer von selbst zurück. Noch einmal sah Albert dieses Gesicht: feine Falten, gefasst, die Spur eines schmerzlichen Lächelns. So hatte er sich seinen König nicht vorgestellt. Er passte nicht in sein Belgien-Bild; eine fast demütige Größe, die sich vor dem aufgebahrten ersten Repräsentanten der kleinen deutschsprachigen Gemeinschaft verbeugte. Wer die Lebensgeschichte des Toten kannte, wusste, was diese Geste zu bedeuten hatte. Der Schneefall wurde stärker, schon fegte wieder das flatternde Sausen des Hubschraubers über die Parkwiese. Mit einem Pfeifton hob er heulend ab, legte sich schräg zur Seite, als würde er vom Wind erfasst. Dann verlor sich das rote Signallicht im Schneetreiben am westlichen Horizont.

# Simenon – Eine Kindheit in Lüttich

*Patrick Marnham*

Um 1903 war Lüttich – gleich London – eine Stadt von größerer Bedeutung als heute. Über die Maas und den Albertkanal hatte es Wasserverbindung nach Antwerpen und zum Meer. Das Königreich Belgien besaß die größte Kolonie in Afrika, den Kongo, ein riesiges, niemals exakt vermessenes Gebiet, dessen Grenzen nie genau festgelegt worden waren. Viele Lütticher waren alte Kolonisten. Simenon wuchs in einer Straße auf, in der ein Nachbar an der Schlafkrankheit dahinsiechte; an sonnigen Tagen trug man diesen Mann in seinem Stuhl auf den Gehsteig hinaus, wo er in aller Öffentlichkeit dem Tod entgegendöste. Lüttich stand in regem Handelsverkehr mit Afrika und war auch ein bedeutendes Industriezentrum, besonders für Handfeuerwaffen, die Weltruhm genossen. Südöstlich der Stadt lagen die Kohlenbergwerke der Ardennen. Nach Südwesten hin boten Hochöfen entlang der Bahnlinie des Nachts eine Vision der Hölle. In *Orientexpress* verglich Graham Greene »die großen Hochöfen von Lüttich« entlang den Bahngleisen mit »alten Burgen, die bei einem Grenzüberfall in Brand gesetzt wurden«. Lüttich war ein Ort, der nicht nur in Belgien zählte, sondern auch in Europa und daher in der ganzen Welt. Als Simenon fünfzig Jahre später durch Birmingham kam, sagte er, die zweitgrößte Stadt des Vereinigten Königreichs habe ihn an das Lüttich seiner Jugend erinnert.

Auf den Straßen der Stadt wimmelte es von Nutztieren und neuen, oft gefährlichen Maschinen wie Straßenbahnen oder dampfgetriebenen Lastwagen. Lüttich hatte einen eigenen Dialekt, eine Mischung aus flämischen, deutschen und französischen Sprachelementen. Der Klang des Dialekts in den Rufen der Straßenhändler vor dem Haus war eine der frühesten Erinnerungen Georges Simenons. Muscheln, Garnelen, Kirschen, Nüsse und Süßigkeiten wurden auf diese Weise feilgeboten, und von den Händlern mit ihren Karren oder Bauchläden hatte ein jeder seinen besonderen Schrei. Da gab es einen Senf- und Essighändler, der zwei zugedeckte Holzfässer an einer Tragstange auf der Schulter balancierte und »Mostade!Vinegue!« rief. Wenn seine Kunden ihre Gläser brachten, füllte er diese aus einem Hahn unten am Fass. Dann war da der Ziegenmilchhändler, der seine Herde unter den Kastanienbäumen auf dem breiten Boulevard de la Constitution entlangtrieb und die Tiere direkt in die ihm gebrachten Krüge melkte. Noch viele Jahre später erinnerte sich Simenon an den Klang der kleinen Trompete, die der Gemüsehändler blies, und an den Ruf des Kartoffelverkäufers: »Crompires à cinq cens li kilos ...« Der Kartoffelhändler kam mit einem Ochsenkarren und nicht mit einem Handwagen. Georges hatte einen flämischen Vetter, der manchmal von seinem Bauernhof im Limburgischen kam und in seinem Pferdewagen ganze Fässer mit hausgemachtem Branntwein in die Stadt brachte.

Ferner gab es den Zeitungsausträger, dessen Wägelchen von einem Hund gezogen wurde und der am Abend von Simenons Geburtstag die sensationelle Nachricht von der Entdeckung eines unterirdischen Gangs verkündet hatte, der vom königlichen Palast in Brüssel in das Haus der Baronin Vaughan, der Mätresse des Königs, führte. Des Weiteren gab es den Mausefallenverkäufer, den Händler, der gekochte Erbsen und Knoblauch anpries, den Mann, der nur Schnürsenkel verkaufte, den Italiener, der mit religiösen und profanen Gipsfiguren handelte, und den Verkäufer eines in Paris hergestellten Wunder wirkenden Putzpulvers, das alles blitzblank scheuerte. Selbst die Schuster kamen vor die Häuser, und anstelle von Schuhputzern gab es *décrotteurs-brosseurs*, die nur den Schmutz von den Schuhen bürsteten, ohne sie zu wichsen und zu polieren. Dass die Straßen sehr schmutzig waren, ist durch die Tatsache erwiesen, dass ein gewisser Mathieu Schroyen bis 1909 einen schwunghaften Handel mit seinen äußerst praktischen Rockhaltern trieb, einer hosenträgerähnlichen Vorrichtung aus Gummiband und Metallhaken, die es den Frauen ermöglichte, ihre langen Röcke auf den nassen Straßen trocken zu halten. Er bot seine Ware feil, indem er die Halter von der Krempe seines Hutes baumeln ließ, und war bekannt für seinen Werberuf »Facile aheye!« (Leicht anzuhaken). Aus einer Passage von Simenons autobiografischem Roman *Pedigree* erfahren wir, dass Georges' Mutter eine seiner Kundinnen gewesen ist, denn dort heißt es, »Elise« (Henriette Simenon) habe ihre Röcke hochschnallen müssen, als sie einen engen Durchgang als Abkürzung benutzte.

Von den vorbeiziehenden Lumpenhändlern – oft waren es Frauen – hatte jeder seine Spezialität; der eine sammelte nur zerbrochene Schrauben, der andere nur Glasscherben. Doch am absonderlichsten war zweifellos der Urinsammler. Er hatte ein Fass in seinem Karren, und in dieses entleerte er die Krüge mit dem Urin, den er im Voraus zu bestellen pflegte und der bereits zwei Tage gestanden hatte. Er verkaufte seine Ware an Färber, und die inzwischen abgelagerte Phosphorschicht wurde regelmäßig aus dem Fass gekratzt, um an Streichholzfabrikanten geliefert zu werden. Wir können mit Sicherheit annehmen, dass niemand in der Familie Simenon mit ihm zu tun hatte, denn wäre das der Fall gewesen, hätte Simenon bestimmt nicht der Versuchung widerstanden, früher oder später davon zu erzählen.

Georges und seine Mutter besuchten täglich zu Fuß die Märkte in Outremeuse oder in der Innenstadt jenseits der Brücken. Bei einem dieser Ausflüge soll der kleine Junge einen in voller Eile auf der Straße dahinrennenden Mann gesehen haben, der den Henkel eines kleinen Korbes zwischen den Zähnen hielt. In dem Korb saß eine Brieftaube. Er hielt den Korb zwischen den Zähnen, um möglichst schnell rennen und so die Flugzeit des kostbaren Vogels ohne Verzug melden zu können, denn es ging darum, die Taube raschestens von dem Schlag, auf dem sie gelandet war, zum zentralen Registraturbüro der Stadt zu bringen. Der Brieftaubensport war ein beliebter Zeitvertreib. Ein erfolgreicher Züchter und Dresseur konnte zu Ruhm und Vermögen gelangen. Am unteren Ende der Rue Léopold befand sich eine vom Pont des Arches aus sichtbare Apotheke, die »Abführmittel für Tauben« als eine ihrer Spezialitäten anpries. Die Jahre vergingen, und die Boten rannten noch immer, allerdings ohne Korb – sie begnügten sich jetzt mit dem Ring, den sie vom Fuß des Vogels gestreift hatten. Dann wurde die Stechuhr erfunden, und von da an sah man keine rasenden Rennläufer mehr auf den Straßen.

Aber es gab immer noch eine Menge zu sehen. An einem guten Tag konnte man in der Ferne den Lärm einer Musikkapelle hören, und dann versammelte sich eine Menschenmenge, um den Zahnzieher, den *arracheur de dents,* zu begrüßen. Dieser unschätzbare Mann stand auf der Plattform eines großen Wagens und erbot sich, Zähne »kostenlos, schmerzlos und für nichts« zu ziehen. Seine in schmucke Uniformen gekleidete Kapelle saß auf dem Dach des Wagens, direkt über dem Operationstisch, und spielte beruhigende Weisen, bis ein Opfer der wachsenden Neugier der Menge und dem eigenen chronischen Schmerz nachgab, sich auf den Wagen hieven und festschnallen ließ. Jetzt spielte die Kapelle viel lauter, um die Schreie des Opfers zu übertönen. Alle Versuche, sich in letzter Minute zu wehren, waren nutzlos – der Zahnbrecher mit seiner großen Zange setzte sich durch. Schließlich spritzte das Blut, und der Zahn wurde im Triumph emporgehalten. Der Patient durfte gehen und sich anderswo heilen lassen, und der Zahnzieher begann seinen regen Handel mit Quacksalbermedizin.

Den dramatischen Aspekt der in der Familie verbreiteten Trunksucht hatte Georges in der Person seiner hübschen Tante Félicie gefunden. Ihr Mann, der Barbesitzer, war Georges als Onkel Coucou bekannt. Ihm gehörte das Café des Cultivateurs am Quai-sur-Meuse, gegenüber Outremeuse am Pont des Arches. Henriette Simenon hatte nach dem Tod ihrer Mutter im Januar 1901 und vor ihrer Heirat ein Jahr lang bei Coucou und Félicie über dem Café des Cultivateurs gewohnt. Doch im Jahr 1908, nach achtjähriger Ehe, wurde die vierunddreißigjährige Félicie von zwei Krankenwärtern in eine Zwangsjacke gesteckt und ins Irrenhaus gebracht. Drei Tage später starb sie im Sanatorium Sainte-Agathe an Delirium tremens. Georges, damals fünf, sah zu, wie Tante Félicie schreiend aus dem Haus geschleppt wurde, während Onkel Coucou schluchzend mit dem Kopf gegen die Korridorwand schlug. Die Familie Brüll verlangte eine polizeiliche Untersuchung, und Onkel Coucou wurde wegen schwerer Körperverletzung, begangen an seiner Frau, zu zwei Jahren Gefängnis verurteilt und in die Strafanstalt Saint-Léonard eingeliefert. Häufig war er vor Eifersucht in Raserei geraten und hatte Félicie verprügelt. Je mehr er sie schlug, desto mehr trank sie, und je mehr sie trank, desto mehr schlug er sie. Nach Félicies Tod wurde Georges ermahnt, nie mehr von Coucou als von seinem Onkel zu sprechen.

»Mon dieu, Françoise!« – »Mon dieu, Henriette!« – »Jésus, Marie!« – »In diesem Jammertal!« Das waren die immer wiederkehrenden Ausrufe in den Gesprächen der Damen Brüll, und laut *Je me souviens* und später *Destinées* hörte man sie für gewöhnlich auf Flämisch. Simenon erinnerte sich, dass Henriette und ihre Schwestern stets Flämisch sprachen, wenn sie beisammen waren, und dass auch Léopold mit Henriette Flämisch sprach. Diese Gewohnheit der Brülls war einer der Gründe, warum Marie Catherine Simenon ihrer Schwiegertochter Henriette so misstraut hatte. Doch 1975 verwies Simenons unerbittliche Cousine Sylvie Wilsens-Brüll die flämischen Kindheitserinnerungen ihres Vetters ins Reich der Erfindungen. In einem Brief an Mathieu Rutten schrieb sie, ihr Großvater Wilhelm, Henriettes Vater, habe »seine Kinder in Abscheu vor allem Preußischen erzogen und stets Französisch mit ihnen gesprochen«. Unter Berufung auf das Buch *Lettre à ma mère,* das Simenon damals gerade veröffentlicht hatte, fügte sie hinzu:

> »Das Gemisch aus Flämisch und Deutsch bezieht sich
> vermutlich auf den Dialekt des Landes an der Maas,
> doch den sprachen nur die alten Leute. Tante Henriette
> konnte höchstens ein paar Worte plappern, und auch
> das nur mit starkem wallonischem Akzent. Das kleine
> Mädchen, das im Alter von fünf Jahren die Einkäufe
> für die Familie macht und kein Wort Französisch spricht,
> ist reine Erfindung.«

Diese Aussage wird von Denyse Simenon bestätigt, die sich erinnert, dass Henriette fließend Französisch sprach, »aber auf wallonische Art, mit eingestreuten einheimischen Ausdrücken«. Sollten also Denyse und Madame Wilsens-Brüll recht haben (und Madame Wilsens-Brüll war acht Jahre älter als ihr Vetter Georges, hatte demnach ihre brüllschen Ahnen persönlich gekannt), dann hat Simenon den Charakter Henriettes in seiner ersten Autobiografie vermutlich bewusst falsch dargestellt.

Jedenfalls hat es ihm nicht an zuverlässigem Material gemangelt. Schon als kleines Kind scheint Georges seine Mutter mit einer unerbittlichen Detailbesessenheit beobachtet zu haben. Und folgendermaßen beschrieb er sie in *Je me souviens*, zwanzig Jahre nachdem er ihr Haus verlassen hatte und kurz nach der Geburt eines eigenen Sohnes, den er über die Hintergründe der Familie zu unterrichten wünschte: Henriette war eine sehr kleine Frau, deren Kopf viel zu groß für den Körper schien, wie bei gewissen Puppen. Sie war immer in Sorge, für ordinär gehalten zu werden, seit man sie als sechzehnjährige Aushilfsverkäuferin in einem Warenhaus wegen ihrer angeblichen Vulgarität gehänselt hatte. Ständig entschuldigte sie sich, selbst wenn sie nicht im Unrecht war. Peinliche Ereignisse vertuschte sie und gab vor, sie seien nie geschehen. Sie zählte ihre Pfennige und grämte sich jahrelang über den Verlust eines wertvollen Schmuckstücks. Als ihr Sohn klein war, pflegte sie ihn zu gutem Benehmen zu erpressen, indem sie behauptete, »man« werde sie abholen und im Krankenhaus operieren, falls er nicht aufhörte, seinen kleinen Bruder zu ärgern. Sie demütigte sich gunstbeflissen vor reichen Nachbarn.

Eine der unversöhnlichsten Schilderungen des Betragens seiner Mutter, die Simenon anführte, betraf einen großen Hund ohne Maulkorb, der in der Rue Pasteur lebte. Henriette musste oft an diesem schrecklichen Tier vorbeigehen, das mitten auf der Straße unter dem Balkon seiner Besitzer lag. Dann lächelte sie den auf dem Balkon sitzenden Herrschaften zu und bückte sich sogar, um das Biest zu streicheln.

»Zum Beweis meiner Dankbarkeit, zum Beweis dafür, dass

ich besser erzogen bin als unsere Nachbarn, habe ich euren großen Hund gestreichelt, obgleich ich mich vor ihm ängstige und er eines Tages eines meiner Kinder angreifen könnte. Ich danke euch sehr! Glaubt mir, ich weiß diese Gelegenheit zu schätzen.«

Auf der Straße musste jederzeit der Schein gewahrt werden, und Simenons Unterbewusstsein nahm auch zur Kenntnis, wie leicht seine Mutter von einem Zank mit ihrem Mann zu einem höflichen und falschen Lächeln überging, wenn sie zufällig irgendwelchen Bekannten begegnete. Der kleine Simenon war Zeuge der Unaufrichtigkeit seiner Mutter, die ihren angeblichen Prinzipien zuwiderhandelte, als sie in der Straßenbahn bezüglich seines Alters log, um nicht den vollen Fahrpreis zu bezahlen. Für Henriette, so schrieb er, war *le strict nécessaire,* das »Lebensnotwendige«, zu einer Besessenheit geworden, mit der sie alle zu leben hatten. Schuld daran waren, wie sie ständig betonte, einzig und allein Désirés starrköpfige Weigerung, eine Lebensversicherung abzuschließen, und der Umstand, dass er aus mangelndem Weitblick die Feuerversicherung gewählt habe anstatt der viel vorteilhafteren Lebensversicherung. Henriette »fand das Unglück, wo niemand sonst es vermutet hätte«. Ihr Leben war eine Suche nach Sicherheit, und das bedeutete ein eigenes Haus, in dem man leben und sterben konnte. Eine Alkoholikerin war Henriette bestimmt nicht; nichts deutet darauf hin, dass sie je getrunken hat. Doch ihre Reaktion auf die Erfahrungen der Kindheit scheint ebenso tiefgreifend wie die Léopolds und Félicies gewesen zu sein und mag sogar – wie ihr ältester Sohn es schildert – noch mehr Schaden angerichtet haben.

Henriettes Mann hätte kaum einen schärferen Gegensatz zu ihrer Persönlichkeit abgeben können. Désiré strahlte Ruhe und Stärke aus, er war zuversichtlich und mit allem zufrieden, selbst mit seiner Wahl Henriettes als Gattin. Nach dem idealisierten Bild, das sein Sohn von ihm zeichnete, bewegte er sich mit langen, regelmäßigen Schritten, begab sich über den Fluss zur Arbeit, kehrte zu einem späten Mittagessen heim, ging am Nachmittag wieder fort, fand all sein Glück im bescheidenen Leben des *quartier* und der Familie: der zweiten Heimkehr am Abend, dem üblichen »J'ai faim!« im Blick auf das Essen, das auf dem Herd kochte; dass er anschließend die Kinder zu Bett bringen, seinen Georges liebevoll *fiston* nennen und sich zu guter Letzt in seinen Korbsessel am Kamin setzen und die Zeitung lesen durfte, während seine Frau nähte. Simenon sah Heldenmut in der Genügsamkeit seines Vaters, in seiner Geduld bei der Arbeit, seiner Zufriedenheit daheim und in seiner stillen Art, sich nie über seinen mangelnden Erfolg zu beklagen. Als dienstältesten Angestellten bei der Lütticher Filiale der Agences Générales und der Winterthur hatte man ihn vor die Wahl gestellt, entweder das traditionelle Geschäft der Feuerversicherung weiterzuführen oder auf die neue und Erfolg versprechende Lebensversicherung umzusatteln. Um Lebensversicherungen zu verkaufen, musste man ständig unterwegs sein und Hausbesuche machen. Die Feuerversicherung wurde vom Büro aus besorgt. Désiré zog die Ordnung und die Bequemlichkeit des Büros vor und verdiente deshalb nie mehr als hundertfünfzig Francs im Monat. Allein die monatliche Kommission seines ehrgeizigeren Kollegen überstieg das, sehr zum Ärger Henriettes, bei Weitem. Doch es war Désiré, dem man die Schlüssel zum Safe des Büros anvertraute. Am glücklichsten war er jeden Tag, wenn sich die Räume in der Rue Sohet um die Mittagszeit leerten und er an seinem Schreibtisch, an dem er einmal sterben sollte, allein weiterarbeiten konnte. Das Büro, in dem er tätig war, ist inzwischen verschwunden, doch ganz in der Nähe, an der Rue des Guillemins, ist ein sehr ähnliches noch in Betrieb: eine kleine Privatbank mit Fliesen-

fußboden und einem hölzernen Ladentisch, den eine Trenn-
wand in zwei Schalter teilt; hinter jedem dieser Schalter sitzt
ein Angestellter. Die Stille, die Diskretion und die Förmlich-
keit des Umgangs im Schalterraum stehen im Gegensatz zu
der Redseligkeit und der kollegialen Atmosphäre, die sich jedes Mal verbreiten, wenn ein Schalter geöffnet wird und einen
Blick in die kleine Welt dahinter gestattet. Désiré gehörte zu
jenen genügsamen Menschen, die nie mehr vom Leben ver-
langen als das, was es ihnen gibt. »Meinem Vater fehlte nichts,
meiner Mutter fehlte alles, das war der Unterschied zwischen
ihnen«, schrieb Simenon in *Je me souviens*.

Zu Désirés kirchlichen Pflichten gehörte die eines Wohl-
fahrtsinspektors, was bedeutete, dass er einmal jeden Monat
die ärmsten Viertel von Lüttich aufsuchen musste, wo die Familien oft zu zehnt oder zu zwölft in einem Zimmer schliefen,
für gewöhnlich auf dem Fußboden. Diese Besuche machten
Désiré keineswegs zu einem Sozialisten. Vielmehr bestärkten
sie ihn nur in seinen Ansichten. Désiré war ein Vertreter jener
Klasse, die man *les petites gens* nannte, Leute, »welche die Reichen hassten, aber deshalb die Armen noch lange nicht moch-
ten«. Désiré gehörte außerdem einer anderen freiwilligen Organisation an, der *garde civique,* deren Hauptaufgabe in der
Niederschlagung von Unruhen bestand. In den Jahren vor dem
Ersten Weltkrieg, als mehrere europäische Länder zu verschiedenen Zeiten am Rand der Revolution standen, gehörte Lüttich
zu den am häufigsten von einem Generalstreik bedrohten In-
dustriestädten, und die *garde civique* trat oft in Aktion. Auf das
Signal eines durch die Straßen marschierenden Trommlers hin
zog Désiré seine schmucke blau-rote Uniform an, setzte sich
die »Doppelmelone« mit Feder auf und griff sein langläufiges
Mausergewehr, das für gewöhnlich auf dem Kleiderschrank
im Schlafzimmer lag. Dann begab er sich unter den bewun-
dernden Blicken des kleinen Georges zu seiner Einheit. Die

Kleinbürger oder kleinen Leute, *les petites gens,* wie Simenon sie lieber nannte, standen immer auf der Seite der Obrigkeit, wenn es um Gesetz und Ordnung ging. Sie betrachteten die Fabrikarbeiter als nichtsnutziges, ungewaschenes, unordentliches und überbezahltes Gesindel. Die Arbeiter verdienten angeblich fast so viel wie Büroangestellte, vertranken jedoch ihren Lohn. Für ärztliche Betreuung und Erziehung sparten sie nicht, weil ihnen beides gratis zur Verfügung stand. Sie vernachlässigten ihre Kinder und ließen sie in Lumpen herumlaufen. Streikende Arbeiter waren eine ernsthafte Bedrohung für alles, was den kleinen Leuten erhaltenswert erschien. Bei einer Demonstration für die gewerkschaftlichen Rechte wurden zwei Streikende von der *garde civique* erschossen. Désiré war an jenem Tag im Dienst, aber der Zusammenstoß hatte sich in einem anderen Stadtteil abgespielt, und als er an diesem Abend heimkehrte, hatte er nur von einem wichtigen Ereignis zu berichten: dass die von einer Reihe berittener Polizisten blockierten Männer seiner Abteilung gezwungen worden waren, durch das Gitter der heruntergelassenen Läden eines eleganten Juweliergeschäfts zu pinkeln. Désirés Sektion scheint eher Dogberrys (eine Figur Shakespeares aus *Viel Lärm um nichts)* als Rembrandts *Nachtwache* geähnelt zu haben. Und in der Erinnerung seines Sohnes wurde Désiré, der Mann in der autoritätsgebietenden Uniform, eins mit Léopold, dem betrunkenen, gegen Gesetz und Ordnung verstoßenden Clochard – einzig und allein, weil beide sich die Freiheit genommen hatten, die Hosen aufzuknöpfen und sich auf offener Straße zu erleichtern.

Im Übrigen verklärte Simenon das Bild seines Vaters mit einer Art Heiligenschein und behauptete später, er habe sich Désiré zum Vorbild einiger Charakterzüge Maigrets genommen – des gütigen, zuverlässigen, gerechten und mutigen Detektivs.

Einmal in der Woche ging Georges vor Schulbeginn mit seinem Großvater Chrétien in die öffentliche Badeanstalt in der Rue des Pitteurs, wo der alte Hutmacher und sein Enkel in einem Schwimmbassin badeten, durch das die Maas floss. Im Sommer klopfte ein Polizist an alle Türen in Outremeuse und ermahnte die Bewohner, das Unkraut auf ihrer Straße zu jäten. Dann verbrachte jeder eine Stunde oder mehr auf allen vieren und kratzte Gras und Moos aus den Lücken der Pflastersteine. Für diese Arbeit benutzte Georges ein Küchenmesser, dessen scharfe Klinge besonders gut schabte. Er lebte in einer Welt, in der er sich auf seinen Vater verlassen konnte, der ihm vor dem Schlafengehen ein Kreuz auf die Stirn zeichnete, und auf seinen Onkel Léon, der jeden Sonntag zur Elf-Uhr-Messe mit seiner Schnurrbartbinde erschien, die er erst auf der Kirchentreppe abzunehmen pflegte. Das ganze Viertel mit seinen kleinen Gassen war damals wie heute von der Kirchturmspitze beherrscht, und es war auch die Kirche, die Georges' erste zwölf Lebensjahre beherrschte. Für Henriette und dementsprechend für Georges hatte alles Wichtige im Leben mit Saint-Nicolas zu tun. Die Priester und die Ordensschwestern der Pfarrei sorgten für Erziehung und Unterricht, und der Kirchenpatron selbst spendete Mandeln, Nüsse und Spielsachen, die man vor Weihnachten verteilte; die Kinder der Rue de la Loi, der Rue Pasteur und der Rue Puits-en-Sock waren besonders gesegnet, da sie in der Gemeinde von Saint-Nicolas lebten.

Falls Georges an einer ständig wiederkehrenden Angst litt, so wird es jeden Morgen um Viertel vor sechs gewesen sein, wenn er vor die Tür des Terrassenhauses an der Rue de la Loi gesetzt wurde und zur Kapelle des benachbarten Bavière-Hospitals marschieren musste, wo er den Ministrantendienst bei der Frühmesse versah. Um zur Kapelle zu gelangen, musste er die Rue Pasteur hinuntergehen, die Place du Congrès überqueren und dann in den Boulevard de la Constitution einbiegen. Im Winter war es um diese Zeit noch dunkel, und an manchen Tagen geriet er in Panik. Wenn er ein Geräusch hinter sich hörte, setzte er seinen Weg auf der Mitte des Fahrdamms fort, um die Schatten vor den Häusern zu meiden. Dann redete er laut zu sich selbst und begann zu laufen, rannte mit aller Kraft, bis er die Tür des Krankenhauses erreicht hatte. Vor ihm hing der Türklopfer. Erst wenn er diesen betätigt hatte, konnte er sich in Sicherheit fühlen. Der Messe wohnten nur die Krankenhausinsassen bei, denen es nicht allzu schlecht ging. Manche kamen auf Krücken, andere wurden auf Stühlen hereingetragen, und da es ein öffentliches Krankenhaus war, trugen viele Patienten die üblichen gestreiften Pyjamas. In den Augen eines Kindes bildeten sie eine erschreckende, gespenstische Gemeinde. Der kleine Ministrant wusste, dass viele von ihnen bald tot sein würden. Nach der Messe musste er den Priester an die Betten jener begleiten, die nicht mehr aufstehen konnten und die Letzte Ölung erhielten. Seine Aufgabe bestand darin, dem Priester ein Kruzifix voranzutragen und das Versehglöcklein zu läuten. Für die Schwerkranken war er der Herold ihres nahenden Todes. Starb einer der Patienten, so wurde oft eine Totenmesse in der Kapelle gelesen, und auch dann hatte er Dienst. Für jede Totenmesse wurde er eigens bezahlt, sodass seine Gebete an den Sterbelagern zwar respektvoll, aber nicht immer sehr inbrünstig gewesen sein mögen. Noch viele Jahre später war ihm die Erinnerung an die panische Flucht durch die dunklen Straßen der Umgebung seines Wohnhauses eine der deutlichsten aus seiner Kindheit.

In Simenons Bericht über seine Kindheit spielten die russischen, polnischen und jüdischen Untermieter in der Rue de la Loi eine malerische Rolle. Die Kinder fanden die Unannehmlichkeiten im Zusammenhang mit den Logiergästen bei Wei-

tem aufgewogen durch das Vergnügen, das diese ihnen bereiteten. Simenon behauptete später, sie hätten ihm erlaubt, sich
ihre medizinischen Lehrbücher anzusehen, in denen zahlreiche hochinteressante Illustrationen enthalten waren, und
sie hätten ihn mit den großen Schriftstellern der russischen
Literatur bekannt gemacht, mit Puschkin, Tschechow und
vor allem Gogol. Doch die ausländischen Studenten verließen
Lüttich 1914, als Georges elf Jahre alt war, und es ist kaum an-
zunehmen, dass sie ihn vor ihrer Abreise zur Lektüre all dieser
Autoren überredet hatten. Seine wahre Bücherquelle war die
von dem exzentrischen wallonischen Dichter Joseph Vriendts
geleitete Zweigstelle der Stadtbibliothek, die er allerdings erst
ab 1915 aufsuchte. Wenn er sich zuerst den russischen Autoren
zuwandte, dann vielleicht aus Sehnsucht nach den verschwun-
denen Untermietern.

Am 30. Juli 1914 verließ Georges das Institut Saint-André
in Ruhm und Ehren. Nachdem er fünf Jahre lang einer der
drei besten Schüler seiner Klasse gewesen war, absolvierte
er die staatlichen Prüfungen bei den Schulbrüdern als einer
der drei Schüler, die neun von zehn Punkten erreichten, in
der obersten Kategorie, *la plus grande distinction*. Außerdem
wurde er mit einer Tapferkeitsmedaille ausgezeichnet, weil er
seinen Bruder vor dem Ertrinken gerettet hatte. Jahre später
erinnerte er sich, dass der Schuldirektor, der ihm die Medaille überreichte, in seiner Ansprache den Unfallhergang falsch
dargestellt hatte, weil er nicht zugeben wollte, dass gelegentlich Jungen aus seiner Schule mangels Aufsicht in den Fluss
fielen. Immerhin gefiel es Georges damals ungemein, im Mittelpunkt der Aufmerksamkeit zu stehen, und die meisten anwesenden Mütter gaben ihm einen Kuss. Der Juli 1914 war in
der Tat eine gute Zeit für einen Elfjährigen, eine Medaille zu
gewinnen. Drei Tage danach schrieb Georges eine Postkarte
an seine Tante, Schwester Marie-Madeleine bei den Ursuline-

rinnen in Ans, ein wenig außerhalb der Stadt. Die Postkarte war eine Fotografie von Georges im Kostüm eines Tambourmajors, denn als ein solcher hatte er im selben Jahr in einem Theaterstück in der Schule gespielt. Der Text war angemessen kriegerisch:

»Liebe kleine Tante, der Krieg ist erklärt! Das ist der Ruf, der durch die Straßen von Outremeuse hallt. Vater ist aufgefordert worden, sich zum Dienst zu melden. Onkel Arthur ist einberufen worden, Mutter legt Vorräte an, und ich bin dazu verurteilt, mit einem steifen Bein dazusitzen, weil ich gestürzt bin und Wasser im Knie habe. Wir vertrauen auf Gott, der unsere Väter aus dem Land Ägypten herausgeführt hat und der erneut mit seiner Macht die Augen unserer Feinde blenden wird. Wir hoffen, bald Nachricht von dir zu erhalten.

Dein liebender Neffe Georges.«

In den letzten beiden Friedenstagen waren die durch Lüttich fahrenden Züge in Richtung Köln voll von jungen Deutschen, die aus Paris zurückkehrten, um sich zu ihren Einheiten zu begeben. Während dieser beiden Tage konnte Georges bis zum Ende der Rue de la Loi humpeln, die geradewegs auf die größte Kavalleriekaserne der Stadt zuführte, und von dort aus die Vorbereitungen beobachten. Unter denen, die von dieser Kaserne ausritten, befand sich der Kavallerist Fonck, der wenig später als erster gefallener Soldat Berühmtheit erlangte. Am 4. August wurde der Krieg wirklich erklärt. Die Truppen ritten aus, Wimpel flatterten, Militärkapellen spielten, und das Hufgeklapper vieler Hundert Pferde ließ den Boulevard de la Constitution in seiner ganzen Länge erbeben. Es war ein Anblick, der das Herz eines jeden Jungen höher schlagen lassen musste. Zwölf Tage später, am 16. August, wurde die Verteidigungslinie durchbrochen, und die ersten verstreuten Überlebenden galoppierten in die Stadt zurück, gefolgt von den Ulanen, der Speerspitze der deutschen Invasionstruppen. Mit ihnen kamen Niederlage, Demütigung und Angst. Es war das Ende der unschuldigen Gewissheiten der Kindheit.

# Kanäle, Kunst und Kaufleute in Brügge

*Brigitte Doppagne*

Brügge feiert. Die Stadt der prunkvollen Giebelbauten, der Grachten und prall gefüllten Museen gibt sich und ihren Gästen ein Fest, dreihundertfünfundsechzig Tage lang. Anlass dafür ist die Erhebung in den Adelsstand: Im Jahr 2002 teilt sich Brügge mit dem spanischen Salamanca den noblen Titel »Kulturhauptstadt«. Die Einweihung des neuen Brügger Konzertsaals ist eine der gemeinsamen Aktivitäten der Belgier und der Spanier.

Außerdem gibt es drei große Ausstellungen: eine Retrospektive des flämischen Malers Jan van Eyck, die Schau »Hanse@M€dici.com«, die sich zum Ziel setzt, mit Brügge als Marktplatz der Kulturen die historischen Beziehungen zwischen Reichtum und Kunst, zwischen Wirtschaft und Kultur zu beleuchten. Zusätzlich lässt die frühere Abtei Ten Duinen einen Blick in das Labyrinth ihrer Gänge und in ihren Schatz an Handschriften und Büchern zu, flankiert von Videokunst und Performances.

Überhaupt applaudiert die Stadt nicht nur ihrer Vergangenheit, sondern zündet ebenso Feuerwerke für die Gegenwart an. So wurde das Musikhaus im Frühjahr mit einem Jazzkonzert eröffnet, aber immer wieder erklingen Glockenspiel und Laute. Raketen zischen nicht nur über der fein verzierten, wie spitzengeklöppelten Fassade des gotischen Rathauses in die Höhe, sondern zerbersten am Burgplatz auch oberhalb des eigens für das Festjahr gebauten Pavillons von Toyo Ito in glimmernde Sternchen.

Fotografieprojekte in den Brügger Parkhäusern, mittelalterliche Gauklerspiele in den Straßen, französischer Zirkus und äthiopische Popsongs. Und manchmal erleben der Dalmatiner Whisky und ich ein unabsichtliches Happening mit, wenn mal wieder eine der Terrakottaplatten von der Verkleidung des neuen Concertgebouw fällt und – wie gestern – direkt vor Whiskys Schnauze auf dem Asphalt zerschellt.

Denn das ist der Schönheitsfehler der Festlichkeiten, ein recht offensichtlicher dazu: Die Einwohner von Brügge können sich nur schwer mit dem Gebäude abfinden, das sich klobig wie ein Frachtdampfer auf dem großen Platz 't Zand einschifft. Zu ungeschlacht ist ihnen die Architektur und wegen der tausendachthundert Plätze in den Sälen fürchten sie eine Invasion durch fremde Konzertbesucher. Jetzt steht der Musikpalast auch noch halb fertig da, innen hui, außen pfui, es wird gehämmert und gesägt, und niemand weiß, wie das Problem mit der Vertäfelung zu lösen ist. Tote und Verletzte hat es zum Glück noch nicht gegeben, wenn man vom Schock absieht, den kürzlich der Dalmatinerrüde erlitten hat und den ich nur mit vielen Streichlern und Hundeplätzchen lindern konnte.

Wenn seine Herrin Marie reif für die Insel ist, für irgendein Atoll oder wer weiß welches Korallenriff, und ich in dieser Zeit gerade in Flandern bin, siedelt Whisky mit Leine, Napf und Korb zu mir ans Meer um, in die Wohnung von Monsieur-mon-oncle.

Dalmatiner haben früher Kutschen und Reiter begleitet, das hat auch Whisky noch in seinem ererbten Hundegedächtnis, und deshalb will er nur eines: laufen, laufen, laufen. Nach meinen täglichen Schreibtischstunden brechen wir also auf und ziehen am Strand unsere Spur durch den Sand. Whisky spielt Fangen mit den Wellen, schleift Girlanden von zermalmtem Seetang hinter sich her und verbellt die Warnbojen für die Schwimmer, künstliche Orangen, die weiter draußen auf dem Wasser schaukeln.

Oder wir nehmen den Zug, elf Minuten bis Brügge. Am Bahnhof geraten wir erst einmal in einen Trubel: hochgepackte spanische Rucksäcke, Koffer aus Boston und Chicago, deutsche Reisetaschen, französisches Gepäck und gut verschnürte Siebensachen aus Turin und Rom. Schon auf dem Vorplatz verteilt sich der Strom, in den Whisky und ich uns eingefädelt haben. Die einen breiten ihre Stadtpläne aus, vergleichen Papier und Wirklichkeit und marschieren los, die anderen steigen in die Busse.

Der weiß-schwarze Hund tut so, als könne er die Ampel lesen. Tusch! Schließlich hat er Urahnen, deren vollendete Kunststücke im Zirkus mit rauschendem Beifall bedacht worden sind. Ein Privatier wie er hat es da leichter, er braucht nur dem Rudel Touristen hinterherzulaufen. Als wir die mehrspurige Straße überquert haben, biegen wir in den Begijnenvest ein. Bäume, ein Kanal, hohe Backsteinmauern.

Am Minnewater gibt es wieder einen Stau, denn der Ort ist berühmt für seine Schönheit. Im Mittelalter summte das ehemalige Hafenbecken vor Betriebsamkeit, die güterbeladenen Schiffe drängten sich; in späteren Jahrhunderten diente es als Anlegeplatz für Treckschuten, für von Pferden gezogene Transportkähne und Passagierboote, die zwischen Brügge und Gent hin- und herpendelten.

Beides mag man heute kaum noch glauben. Wo Trauerweiden so anmutig ihre Äste über die Wasserfläche hängen, das gotische Schleusenhaus gegenüber der Brücke mit Türmchen und gestuften Giebeln posiert, wo das Kasteel am Ufer tatsächlich wie ein Schloss aussieht, bei dem man im Restaurant neben Vorkoster und Mundschenk auch noch die Tafelmusik erwartet, da versteht man, dass das »Binnenwasser« irgendwann umgetauft wurde zum »Liebessee«.

Echte Schwäne pflügen das stille Wasser, ein paar falsche aus silbernem Kunststoff, die am Seegrund vertäut sind, werfen Sonnenblitze. Bei jedem Windstoß wippen sie wie Gondeln. Ihr Leben ist kurz, im Herbst verschwinden sie von hier ins Reich der Requisiten und werden erst im nächsten Frühjahr wieder auftauchen, als sanft-ironische Fußnote zu diesem Winkel Brügges und seiner missverstandenen Bedeutung und als stummes und ein wenig verstörendes Rätsel für Enten, Blesshühner und Möwen. Vielleicht wird einer von den Silberschwänen demnächst für eine *Lohengrin*-Aufführung im Städtischen Theater gebraucht, auch die Biografie eines falschen Schwans kann voller Überraschungen stecken. Und manche Möwen hocken mit gleißendem Gefieder auf dem Geländer am Schleusenhaus und täuschen Porzellan vor.

Von der Brücke aus geht es ein paar Stufen hinunter zu einem kopfsteingepflasterten Oval mit Bänken. Wie überall in Brügge sitzt man auf Holzbrettern, zwei mal zwei und grün gestrichen, die von in S-Form geschwungenen Hälsen getragen werden, mit Schlangenkopf und Drachenflügeln. Blick aufs Wasser und den Poortoren, den Pulverturm neben der Minnewaterbrücke, einen Turm aus dem 14. Jahrhundert, in dem einst Munition und Waffen lagerten. Kriegsgerät für den Kampf der Geschlechter am »Liebessee«?

Wohl kaum. Aber mit Fehden fing alles an in Brügge. Zuerst, im 2. und 3. Jahrhundert, befand sich auf dem Gebiet der späteren Stadt eine gallorömische Siedlung. Im 9. Jahrhundert machten normannische Piraten nicht nur England, sondern auch die nordwestlichen Küsten Europas unsicher. Sie landeten in Flandern und gründeten den Ort Bryggia, was »Platz zum Segel-Festmachen« bedeutet.

Der karolingische Glücksritter Balduin »Eisenarm« hatte anfangs mit der Idee kokettiert, sich den Wikingern anzuschließen. Letztlich entschied er sich dann doch dafür, sie zu bekämpfen, denn er hatte die Tochter des französischen Herrschers Karl des Kahlen, die traumschöne Judith, aus ihrem königlichen Elternhaus entführt und heimlich geheiratet. Nun brauchte der Wildling als Dreingabe den päpstlichen Segen.

Den bekam er auch, versöhnte sich mit seinem Schwiegervater und erhielt von ihm als Mitgift das gesamte Gebiet zwischen Schelde und Somme. Es war ödes und sumpfiges Land, aber das kümmerte Balduin den Ersten wenig. Er machte seinem Namen alle Ehre, baute in Brügge am Ufer der Reie eine Festung gegen die Wikinger und eine Stadtumfriedung und begründete eine mächtige flandrische Grafendynastie.

Der begrünte Gentpoortvest, auf dem Whisky und ich Brügge unter Linden und Kastanien umrunden, stammt aus späterer Zeit, als es innerhalb des Walls nicht mehr genug Platz für die schnell wachsende Stadt gab und man einen zweiten Mauerring mit Graben um den eiförmigen Siedlungskern legen musste.

Brügge lässt sich gut zu Fuß bewältigen. Man sollte die Schöne, die Edle, die Perle Flanderns und was für Namen ihr im Laufe der Zeit sonst noch gegeben worden sind, langsam erobern, um in dem Gewirr von verwinkelten Gassen nichts zu versäumen. Oder man leiht sich ein Zweirad aus, zum Beispiel am Bahnhof. Allerdings sollte man sich in diesem Fall gleich auf den speziellen Fahrstil der motorisierten Belgier einstellen, die vorzugsweise so Auto fahren, als hätten sie den Wagen gestohlen. Es geht auf den Straßen und Plätzen zwar nicht ganz so abenteuerlich zu wie in Paris, wo man früher schon mit einer gehörigen Portion Verwegenheit ausgestattet sein musste, um die Place de l'Étoile zu überqueren. Aber die Belgier zucken über Kotflügel mit Dellen und eingedrückte Stoßstangen gerade mal mit den Achseln, in ihren Charakteren mischen sich eben romanisches Feuer und niederländische Gelassenheit.

Von den sieben mittelalterlichen Toren sind vier übrig geblieben: das Gentpoort und das Kruispoort im Osten, Smedenpoort und Ezelpoort im Westen. Im Smedenpoort ist noch die Glocke erhalten, mit der abends zum Torschluss geläutet wurde.

Whisky läuft im Zickzack vor mir her, damit ihm kein beflügelnder Geruch und überhaupt kein aufregendes Ereignis entgeht. Hier, am Boninvest, stehen kleine, unscheinbare Häuser, auf dem Wall werden die Fahnen vom Wind gepeitscht. Radler, Spaziergänger, Enten, die allgegenwärtigen Seeschlangenbänke. Jenseits vom Kanal reihen sich moderne Mietshäuser, tost mehrspurig der Verkehr. Auch in den Seitenstraßen des Walls hatte man nicht das Geld, mehr als anderthalbstöckig zu bauen. Backstein, roh oder weiß getüncht, Ziegeldächer, das musste genügen.

An der Gracht Coupure / Predikherenrei macht Whisky halt, dreht sich nach mir um und sieht mich fragend an. Er ist es gewohnt, an dieser Stelle links einzubiegen, zu den Anlegestellen der Motorboote und Miniyachten. Denn bisher gab es keine Möglichkeit, die Reie, die hier Richtung Stadt vom Kanal abzweigt, zu überqueren.

Doch seit Anfang des Festjahres gibt es die neue Brücke des Schweizer Ingenieurs Jürg Conzett. Sie ist mit Seilen an zwei nebeneinanderliegenden Stahlrohren aufgehängt und kann bei Bedarf hochgezogen werden. Ein Umweg ist jetzt nicht mehr nötig. Obwohl ich ohne diese Schlenker auch nicht die Witte Leertouwersstraat und die Werkstatt von Pol Standaert kennengelernt hätte.

Seit drei Generationen werden in der Nummer 48 wunderbare Kamine und Gesimse in altem Stil gebaut, man arbeitet mit Marmor, Stein und Gips. Das »Steinatelier« zog vor Kurzem in die Vorstadt um, und so fehlt seitdem der Winter vor der Tür, der bisher alle Jahreszeiten hindurch nach der wöchentlichen Anlieferung der Materialien Gehsteig und Straße mit Gipsstaub überzogen hatte. Selbst im Mai oder August sah es so aus, als wäre hier ein eisiger Nebel irrgegangen, und unwillkürlich zog man einen Moment lang fröstelnd die Schultern hoch.

Seine Kunst und solide Arbeit hat Pol Standaert über Europa hinaus bekannt gemacht, auch Saudi-Arabiens gekrönte Häupter lassen sich inzwischen ihre Paläste von ihm ausbauen und dekorieren. Auf dem Dachboden des Hauses Nr. 48 hängen noch die Modelle vom Großvater, dem Gründer des Betriebs. Hilde Standaert führte mich einmal auf einer Leitertreppe hinauf: Reliefplatten mit den verschiedensten Ornamenten hängen an Schnüren vom Gebälk, es gibt Skulpturen nach antiken Vorbildern, Hände, Füße, Vögel und Schlangen, Halbakte, florale Formen, Reste von Pfeilern, altersverwittert, Säulenkopfstücke mit Falten- und Blattverzierung. Vieles davon kann man in neuen Abgüssen im angeschlossenen Verkaufslager erstehen. Eine Patina müssen sich die Stücke mit der Zeit selbst erwerben.

Wenn das Wetter Brügge verwöhnt, ist auf dem Außenwall viel Betrieb, allerdings sieht man nur wenige Leute mit zögerndem Schritt und auseinandergefaltetem Stadtplan. Es sind eher die Brügger selbst, die hier Rad fahren, skaten oder spazieren gehen.

In der Peperstraat siedelt die Gotik, die Stijn Streuvelstraat hat dazu villenartige Häuser mit großen Gärten. Beide Straßen laufen zu einem V zusammen, an ihrem Schnittpunkt steht die Jeruzalemkerk mit ihrer orientalisch inspirierten

Turmbekrönung. Die Kaufmannsfamilie Adorno aus Genua ließ sie sich im 15. Jahrhundert nach einer Reise ins biblische Land bauen. Totenschädel und Dämonen schmücken den Altar, die Krypta beherbergt das Grabmal von Anselm und Margareta Adorno und eine Nachbildung des Heiligen Grabes.

Die Jeruzalemgodshuizen gaben Armen in früheren Zeiten Obdach und Brot. Heute hat in den ehemaligen Stifts- und Hospizhäusern das »Spitzenzentrum« Platz gefunden: Klöppelkunst wird vorgeführt, man kann dabei zuschauen, wie millimeterweise die Spitze wächst. Gegenüber steht das Museum für Volkskunde mit seiner handwerklichen Sammlung, auch in einer Reihe ehemaliger Armenhäuser der Schuhmachergilde untergebracht.

Immer wieder ertönt von irgendwoher ein Glockenspiel. Das nördliche Brügge ist ein Brügge mit vielen Kirchen, mit stillen Straßen, engen Gassen und einer Handvoll Museen, ein Brügge, in dem es weder Touristenboote noch Fremdenführer gibt, keine Andenkenläden und kaum Cafés. Man wohnt in diesem Viertel ruhig und geht zum Einkaufen zur Langestraat oder an die Langerei.

Jede Kirche in der Gegend hat ihren eigenen Anziehungspunkt: Sint-Anna besitzt eine besonders schöne Barockausstattung, in der Walburgakerk gibt es eine kunstvoll aus Eichenholz geschnitzte Kanzel zu bewundern, die St.-Gillis-Kirche birgt die Gräber der Maler Lancelot Blondeel und Jan Provoost sowie die von Hans Memling und Pieter Pourbus dem Älteren. In der Kuppelkirche des Englischen Klosters starb Guido Gezelle. Der Lehrer und Priester, der von 1830 bis 1899 lebte, gilt als bedeutendster flämischer Lyriker. Am Rolweg hat man ihm in seinem Geburtshaus ein Museum eingerichtet. Hier, wie auch in den anderen Seitenstraßen des Kruisvest, wie der Wall im Norden Brügges heißt, steigen die

Giebel in Stufen über die Dächer hinaus, und die Fenster sind aus buntem Glas.

Whisky hat eine Hundebekanntschaft gemacht und galoppiert mit der langmähnigen Dame übers Gras, die Windmühlenhügel hinauf und hinunter. An die dreißig Mühlen säumten früher dieses Ende der Stadt, heute hat man noch drei davon erhalten oder neu aufgestellt: De Nieuwe Papegaai, Bonne Chière und die Sint-Janshuysmolen, allesamt ehemalige Öl- und Kornmühlen. Jedes Mal, wenn während der Saison der Wind kräftig genug sei, werde Letztere in Betrieb gesetzt, sagt die Fremdeninformation seit Jahren. Doch noch nie habe ich die Flügel sich drehen sehen, anscheinend geht dem Wind an der Kruisvest die Puste aus.

Der Stadtrand und besonders das Viertel zwischen Bapaumestraat und Carmersstraat haben einen langsameren Pulsschlag als die Innenstadt. Hausboote ziehen hinter der Umwallung vorüber, an den Straßenecken sitzen Müßiggänger vor den Cafés bei einem Capuccino und lesen. Hier hat man nicht nur ein paar wenige Minuten für die Schlagzeilen mit der Lebensdauer einer Eintagsfliege übrig, man nimmt sich die Zeit gleich stundenweise mit an seinen Sonnenplatz. Zeit für die Alchimie der Wörter, für das Labyrinth einer Geschichte oder für einen Roman, so lang und bezwingend wie ein polnischer Winter, mit Haut und Haaren scheint man sich hier von den Dichtern gefangen nehmen zu lassen.

Ab und zu ein versprengtes Grüpplein Touristen. Gegenüber von den Mühlen stehen die Häuser der altehrwürdigen Schützengilden Sint-Joris und Sint-Sebastian, der stolzen Leibgarde der Grafen von Flandern, mit ausgestellten Sammlungen von wertvollen Waffen, Gemälden und Wappen. Immerhin war die Zunft der Bogenschützen einstmals die mächtigste aller militärischen Gilden. In diesen Räumen bereiteten sich ihre Mitglieder mit Adleraugen und der Armbrust auf die

Teilnahme an den Kreuzzügen vor. In die Wüste reisen ihre Nachfolger mittlerweile nur noch weiß beflaggt, und sie treffen sich regelmäßig, weil sie gern mit dem Pfeil in das Schwarze einer Holzscheibe zielen. In Erinnerung an ihre kriegerischen Ausflüge in den Orient haben sie ihrem Stammhaus eine türkisfarbene Kuppel zwischen die beiden Türme gesetzt, ein Hauch morgenländische Luft weht jetzt um die Spitzen.

Die Herrin der Hundedame mit dem Zottelfell hat Whiskys vorübergehende Rauf- und Laufgefährtin zurückgepfiffen. Der Dalmatiner, der immer noch von einem Marathon rund um die Erdkugel träumt, trabt neben mir her in die Biegung zur Potterierei.

Rei nennen sich in Brügge nach dem die Stadt durchziehenden Fluss fast alle Uferstraßen. Die Reie ist ein Krake, ein vielarmiger Polyp, in dieser Ecke Brügges unbehelligt von den Motorbooten der Touristen und so breit, dass Brücken sie mit drei weiten Bögen überwölben. Im Wasser setzen sich die Rundungen gespiegelt zu Ovalen fort, spitze Giebel stechen hinein, ein Windstoß furcht die Wellen, verwischt die Farben, beschlägt das Bild mit seinem Atem.

Ganz am Anfang der Potterierei zeichnen die sieben backsteinernen Renaissancegiebel der Häusergruppe Onze-Lieve-Vrouw-van-de-Potterie ihre Silhouetten in die Luft. Sie ist nach der anschließenden Kirche so benannt worden, einer Stiftung der im Mittelalter hier in großer Zahl ansässigen Mitglieder der Töpfergilde.

»Refugé aux pèlerins, pauvres et malades« heißt es auf einer Tafel am Eingang des zugehörigen Museums. Pilger gibt es im dritten Jahrtausend nicht mehr, denen die Häuser Zufluchtsort sein könnten, aber nach wie vor finden Arme und Kranke an diesem Ort eine ständige Unterkunft. In dem von Augustinerinnen betreuten Hospiz wohnen alte, mittellose Damen.

Die untergegangene Frömmigkeit hat ein reiches Erbe hinterlassen, ausgestellt in den früheren Krankenzimmern, dem Kreuzgang und einem Innenhof im Hortensienrausch: geschnitzte Himmelbetten, barocker Prunk von Kirchengeräten, Wandteppiche, Tafelbilder, Triptychen, flämische Stundenbücher. Kostbarkeiten aus dem Besitz der Stifter und Wirtschafter, wo vorher Waschschüsseln und Töpfe mit Kräutersalbe bereitstanden.

Nur einen Bogenschuss entfernt liegt das Bischöfliche Priesterseminar, ein Palast und im 17. Jahrhundert das Stadtkloster der Zisterzienser aus der Dünenabtei von Koksijde. Vier Flügel von abweisender Strenge, doch nur scheinbar ein in sich abgeschlossenes Universum, wie die Klosterbibliothek zeigt. In ihr versammelten die Mönche wertvolle Geistesgüter und bannten so die ganze Welt in ihre Regale. Mit ihren feinen, an die Stille gewöhnten Ohren vernahmen sie oft den Leitton der Epoche, den andere im Lärm des Getriebes draußen, im Tumult der verschiedenen Musiken, nicht mehr hörten, und bewahrten ihn für die halbe Ewigkeit. In ihren Buchmalereien illustrierten sie die Unordnung dieser Welt: Hasen hetzende Füchse, Wölfinnen, die Schafe gebären, Kopffüßler und Menschenfresser. Sie alle laufen Gefahr, vom Wildwuchs der Pflanzenornamente an den Seitenrändern verschlungen zu werden.

Vor dem Seminar hat sich in der Nähe der Duinenbrug, einer Ziehbrücke, ein Freizeitfischer mit seinen Gerätschaften niedergelassen. Da er gerade an der Kurbel dreht, ist zu vermuten, dass er nicht nur einen Wurm badet, sondern wirklich etwas zu fangen hofft. Das Geräusch bringt Whisky aus der Fassung, er startet eine Bellorgie, erschreckt den Angler und verjagt die Fische womöglich ins Nirgendwo.

Mittelalterliche Häuser, deren Giebel oft so schmal sind, dass kaum Platz für einen gezackten Rand blieb, wechseln an Langerei und Potterierei mit Anwesen aus dem 18. Jahrhun-

dert. Ab und zu ein Geschäft, eine Apotheke, ein Frisiersa-
lon, sogar ein kleiner Supermarkt. Hinter geschnitzten Türen
verbergen sich Arztpraxen und Anwaltskanzleien, die Büros
von Steuerberatern, Notaren und die Sprechzimmer von Psy-
chologen. Unauffällige Schilder weisen darauf hin, sonst ist
nichts an den Gebäuden verändert, den Auflagen des Denk-
malschutzes wurde Genüge getan. In den Fenstern hängen
Werbeplakate für Konzerte und Ausstellungen, hier und dort
prangt auch ein stolzer Aufkleber »Brügge 2002«.

Weder gibt es Kutschen in den Straßen noch die Megafon-
stimmen der Bootsführer über der Reie. Die Grachten haben
alle Farben des Wassers. Sie holen die Schatten der Bäume aus
ihrer Tiefe herauf, versenken die Wolken und das Himmels-
kolorit. Der Wind weht Runzeln über den Fluss, fältelt und
knittert seine Flächen, malt Schnörkel, legt schimmernde Mo-
saike, trübt den Fluss zu blinden Spiegeln und hellt ihn wieder
auf zu geschliffenem Glas.

Wo die Potterierei in die Sint-Annarei übergeht, Spinola-
und Spiegelrei westwärts abzweigen, weitet sich der Fluss, in
Erinnerung an das Meer versucht er die großen Gesten der
Ozeane nachzuahmen. Motorboote teilen dann die Wellen,
rühren Schlieren von Gischt auf, stäuben Tropfenschleier am
Bug hoch und quirlen am Heck dampfenden Schaum. Das
Wasser tanzt, es hüpft und springt und schwappt, trägt Silber-
schuppen und das zu tausend Splittern zerspellte Licht.

Es kann sich gar nicht mehr beruhigen, schnalzt und
schmatzt und gluckst noch lange nach, bis eine neue Unrast in
die Wellen kommt und damit wieder ein Boot ankündigt, ein
Boot mit klopfendem Motor, zwei Dutzend Reisenden und
einem Kapitän, der in fünf Sprachen und elektrisch verstärkt
von Brügge und der Zeit der Herrlichkeiten spricht.

Spiegelrei und Spinolarei, das innerstädtische Hafenbecken des Mittelalters. An ihrem Ende der Jan-van-Eyck-Platz

mit dem Denkmal des Malers und einem Holzkran, im Hintergrund der Turm der Poortersloge. In Stein verwandelter Wohlstand, herrschaftliche Häuser aus verschiedenen Jahrhunderten beidseitig des Kanals, zu einer einzigen Fassade zusammengefasst, einem Zeugnis von Blüte und Reichtum einer Hansestadt, einer Stadt, über die der Humanist Adrianus Barlandus im 16. Jahrhundert schrieb: »Schön sind Gent, Antwerpen, Brüssel und Mecheln, aber gegen Brügge sind sie nichts.«

Ohne den Handel wäre aus Brügge nicht die Grande Dame Flanderns geworden. Erst die Kaufleute machten die Stadt zu einer Schatzkammer, und die mächtigen Grafen waren ihre Wegbereiter gewesen, indem sie schon lange vorher Waren mit den Skandinaviern getauscht hatten und Brügge zu ihrem Sitz machten. Und nicht zu vergessen der Zwin, ein Meeresarm, von dem Brügges ganzes Wohl und Wehe abhängen sollte.

Im 10. und 11. Jahrhundert reicht er bis an den Rand von Brügge. Die Seeschiffe können mühelos das Minnewater und die Häfen im Inneren der Stadt erreichen. Schafwolle aus England wird in großen Mengen eingeführt, verarbeitet und als Wollstoff, als hoch geschätztes und bald legendäres flandrisches Tuch, wieder verschifft.

Dann, im 12. und 13. Jahrhundert, werden die Sandbänke am Zwin zahlreicher und größer. Sie zwingen Brügge dazu, Vorhäfen in Damme und Sluis anzulegen. Vorerst ändert das nichts an Brügges Aufstieg zur führenden Handelsstadt Europas, ja der ganzen damals bekannten Welt.

Mit südwestwindgefüllten Segeln bringen die Venezianer Rohrzucker aus Ägypten, sizilianische Apfelsinen und Zypernwein. Die Düfte von Lavendel, Kardamom, Nelken und Myrrhe durchwürzen die Luft am Hafen. Seiden, Edelsteine, Brokate, Gummi arabicum und sogar Käfige mit Löwen und

Affen werden an den Kais ausgeladen. Spanische Schiffe füllen die Körbe mit einer Vielfalt an Früchten, die direkt aus dem Garten Eden zu kommen scheinen: Zitronen und Mandeln, Granatäpfel, Oliven, Ananas und Trauben. Andalusien schickt Honig und gelbes Öl, feinste Ledertapete aus Córdoba, Bienenwachs und Kork. Getreide, Holz und Eisen aus Deutschland werden gegen Kupfer aus Polen und böhmisches Gold getauscht. Perlen aus der Tartarei wandern von Hand zu Hand, Süßholz und Safran aus Asien, Hermelinfell und russischer Tee wechseln den Besitzer, die Norweger stapeln Büffelhäute auf den Landungsstegen und füllen heilende Salben in Fässer. Französisches Papier wird direkt in die Schreibstuben gebracht, fetter Käse von den schottischen Inseln auf Pferdewagen geladen, und in all dem Getriebe lässt vielleicht auch schon einmal ein Kaufmann eine Kiste mit Gläsern aus Konstantinopel fallen, oder ein Bettler stiehlt einen Sack mit senegalesischen Datteln.

Am Kraanplein beaufsichtigen die Weinschröder die Anlieferung der Mengen süßen Rheinweins, den man vorzugsweise in Brügge trinkt. Auf den Stadtkran »Grue« mit seinem holzverkleideten, dicken Hals und den stilisierten Kranichfiguren auf dem Rücken ist man in Brügge so stolz, dass die Maler ihn immer wieder auf ihren Bildern in irgendeiner Ecke unterzubringen suchen. Bedient wird das Werkzeug von Männern in einer Lauftrommel am Fuß des Krans. Tagsüber laufen sie, nachts säubern, schmieren und reparieren sie den Holzvogel. Seine Nachbildung steht heute auf dem Jan-van-Eyckplein.

Nicht nur als Umschlagplatz wird Brügge schnell reich, als Haupt der flandrischen Hanse beherrscht die Stadt fast den gesamten Handel mit England. Kaufleute aus siebzehn Nationen eröffnen ihre Handelskontore und Konsulate rund um den Jan-van-Eyck-Platz, am Biskajerplein und in der Spanjaardstraat, am Oosterlingenplein und am Spaanse Loskaai.

In den Speichern stapeln sich die Waren aus vielen weiteren Ländern. Nicht nur in den Vorhäfen, auch in Brügge selbst kommen noch viele Schiffe an, bis zu hundertfünfzig kleine Koggen täglich, und mit ihnen die Waren, Seeleute, Händler, Münzen und Bankiers. Man drängt sich an den Kais, steht sich an den Grachten gegenseitig im Weg.

Die Italiener verbreiten das Bezahlen der Waren ohne Bargeld und führen Begriffe wie Konto, Saldo oder Giro ein. In der Vlamingstraat 35 finden die ausländischen Händler im Gasthaus des Patriziers Robert van der Beurse und seiner Sippe eine Unterkunft. Ihre Waren lagern sie in den großen Kellerräumen, und auf dem Platz vor dem Haus oder in der Herberge, bei Käse und Wein, schließen sie Geschäfte ab. Oft fungieren die van der Beurse dabei als Vermittler. Sie übersetzen, weisen auf Regeln und Vorschriften hin, und notfalls bürgen sie. Anfangs heißt das Zusammentreffen »Burse« (Börse), dann das Haus und schließlich der ganze Waren- und Wertpapiermarkt. Ein Familienname wird zuerst zum Slang, dann zum Synonym und Symbol. In ihrem Stammhaus, einem kantigen Bau mit farbigen Glasfenstern, sitzt heute wieder eine Bank.

Auch der Hof Bladelin an der Naaldenstraat steht noch, in dem sich mit dem Bankagenten Tommaso Portinari die Vertreter der Medici einrichteten, ebenso das alte Zollhaus, eines der schmalsten, aber geschmücktesten Giebelhäuser der Stadt, und die Poortersloge, Klubhaus der wohlhabenden Bürgerschaft, mit dem grimmigen Brügger Bär in einer Mauernische.

Anfang des 14. Jahrhunderts wirft der französische König gelbe Augen des Neids auf das reiche Brügge. Schon seit einiger Zeit befehden sich in der Stadt die frankreichfreundlichen »Lilien«, die Patrizier, und die »Löwenklauen«, die auf ihre Eigenständigkeit pochenden aufstrebenden Kaufleute. Jetzt besetzt der König die Stadt und legt ihr hohe Steuern auf. Patrizier, Kaufleute, Handwerker und Bauern schließen sich ausnahmsweise zusammen und erbeuten 1302 als Fußvolk in der Schlacht bei Kortrijk siebenhundert goldene Sporen von der französischen Kavallerie. Brügge ist für kurze Zeit wieder unabhängig und kann sich erneut dem Verzieren seiner Fassaden widmen. Die Burgunder erben und erheiraten Flandern und bringen den Prunk ihrer verschwenderischen Hofhaltung nach Brügge.

Es gibt neue Streitigkeiten. Durch den Krieg zwischen England und Frankreich werden die Wolllieferungen blockiert, die Religionswirren und die spanische Herrschaft schneiden die Verbindung nach Sluis ab, und die große Pest bringt Tod und Elend. Aber letztlich ist es kein politischer Zwist, der Brügges Stern endgültig sinken lässt, sondern das Meer: Ab dem 14. Jahrhundert verstopft immer mehr Schwemmsand die Kanäle, der Zwin verlandet, mit dem Meer weicht das Glück zurück. Gent wird führende Tuchweberstadt, dann übernimmt Antwerpen den Seehandel. Brügge erstarrt nur langsam, die Stadt hat Zeit, ihre Schönheit und den angesammelten Reichtum für eine ferne Zukunft einzuschließen.

Mittlerweile sitze ich bei meinem zweiten Milchkaffee, Whisky hat weder Scotch noch Bourbon getrunken, sondern einen halben Napf Wasser geleert. Uns gegenüber steht Jan van Eyck in seinem weiten Faltenmantel, mit Hut, Pinsel und Tafelbild und reibt sich die Nase, wenn er sich einen Lidschlag lang unbeobachtet fühlt. Dann macht er gleich wieder noble Miene zum ehrwürdigen Spiel und besinnt sich darauf, dass er nicht nur einer der Meister der Renaissancemalerei war und die Technik der Perspektive fast zeitgleich mit seinen italienischen Berufsgenossen beherrschte, sondern zusätzlich als Diplomat und Kanzler König Philipp dem Guten zur Seite stand. Da muss man auch als Statue noch uneingeschränkt die Etikette wahren.

Den Brüggern ist ihr van Eyck, so scheint es, derart lieb und teuer, dass sie ihn gleich mehrfach verewigen. Die neuseeländische Schriftstellerin Katherine Mansfield logierte 1911 in der Nähe der anderen, zweiten Van-Eyck-Statue: das weiße Denkmal, die dunklen und wuchtigen Bäume, die es umgeben, »fast ein Hauch Verlaine hing über dem Ganzen«, notierte sie. Johanna Schopenhauer, die Schriftstellerin und Mutter des Philosophen, hatte bei ihrer Reise in die Niederlande 1787 die Skulptur noch als Modell in der Kunstakademie gesehen und fand sie »genial und graziös«. Gewohnt hat der Maestro der Palette an der Gouden Handrei, wie überhaupt die großen Maler, von Hugo van der Goes über Hans Memling, Gérard David bis zu Rogier van der Weyden, vorübergehend oder dauerhaft im Hanseatenviertel heimisch wurden. Sie suchten sich mit Handrei, Spaanse Loskaai, Augustijnenrei und Leeuwstraat die schönste Ecke Brügges für ihre Ateliers aus.

Alte Häuser, Palazzinos und Villen mit ummauerten Gärten, von Efeutapisserien und wildem Wein überwachsen, der dem Herbst entgegenfiebert. Hier und da eine architektonische Kapriole, eine Zutat von heute in Scharlachrot oder Pflaumenblau, ein Rahmen, eine Gaube, ein asymmetrisches Fenster. Treppengiebel, Erker, verwunschene Innenhöfe, stille Kanäle. Der Wind sprüht Schauer über das Wasser, auf den Bootsstegen hocken die Enten und trocknen sich die Flügel.

Wo einst die Maler lebten und arbeiteten, wohnt es sich heute teuer. Wer nicht eines dieser Häuser vererbt bekommt, muss viele Euro dafür hergeben, wenn er dort einziehen will. Die Preise für Immobilen sind hoch, denn jedes Gebäude wird erst einmal von Vertretern der Hotel- und Gastronomiebranche auf seine Tauglichkeit als Gehäuse für ein Sternerestaurant oder Luxushotel untersucht. Zudem gibt es genügend Wohlhabende, die sich in Brügge einen Zweitwohnsitz mit Grachtenblick und abendlichem Konzert vom nächsten

Glockenturm leisten können und wollen. Da steigen die Preise bisweilen über die höchsten Giebel hinaus.

Whisky schüttelt sich und stupst mich an. Doch für einen Schlenker an den Kanälen entlang bin ich nicht mehr zu haben, erst recht nicht für mehr, wir waren genug auf der Walz. Der Bus wird uns zurück zum Bahnhof bringen, und zu Hause, in der Wohnung von Monsieur-mon-oncle, wird der unersättliche Dalmatiner im Schlaf mit den Pfoten zucken und davon träumen, zum Rudel einer burgundischen Fürstin zu gehören. Jeden Tag begleitet er ihre Kutsche, mit der sie von Damme aus in den Brügger Prinsenhof fährt, mitten hinein in ein leuchtendes, immerwährendes Fest.

# Das jüdische Belgien

*Ernst Kobbert*

Etwas sehr Eigenes hat Antwerpen im Spektrum der europäischen Vielfalt zu zeigen: eine starke, eng zusammenlebende
jüdische Kolonie und das Diamantengewerbe. Wer am Frei-
tagabend nach Einbruch der Dunkelheit Antwerpen mit dem
Zug verlässt, entdeckt eine überraschende Insel in dieser Stadt.
In der Häuserfassade, an der er vorbeifährt, leuchten aus den
meisten Wohnungen Kerzen. Der jüdische Sabbat hat begonnen, nachdem die Sonne untergegangen ist oder sobald die
ersten drei Sterne am Himmel strahlen. Nach altem Brauch
finden sich jetzt die Familien zusammen; auch die junge Generation hält daran fest. Ein Autofahrer hat zwar nicht diese
Perspektive wie vom Bahndamm aus, der überhöht an den
Häusern der Pelikanstraße entlangführt, aber auch ihm werden tagsüber in den Straßen um den Bahnhof herum sofort
die Männer in langen schwarzen Mänteln mit großen Hüten
auffallen, oft mit Bärten und den *pailles,* diesen langen, von
den Schläfen herabhängenden Korkenzieherlocken. Sie gehören hier zum alltäglichen Straßenbild. In Antwerpen nennt
man das Viertel »unser Getto«, es ist jedoch kein Getto im historischen Sinne, nicht von einer Mauer umgeben, hinter der

die Juden getrennt von der übrigen Bevölkerung leben. In Antwerpen gehören sie zur Stadt, sie sind voll integriert. Die meisten Angehörigen der starken jüdischen Gemeinden sind in einem bedeutenden und blühenden Gewerbe tätig, das zum Reichtum und zum Stolz Antwerpens gehört: Diamantenhandel und Diamantenindustrie.

Etwas mittelalterlich mutet es doch an, wie das alles hier auf engem Raum in den Straßen am Bahnhof zusammengedrängt ist. Auf der einen Seite der Pelikanstraße, unter den gemauerten Stützbogen des Bahndamms, bietet eine Reihe von Geschäften Tuchballen, Konfektion und Spielzeug an, alles *en gros* und *en détail*. Die Läden sind vollgestopft mit Waren wie in einem orientalischen Basar. Auf der anderen Straßenseite unter vielfach abgebröckelten Fassaden sind kleine Läden, darunter Buch- und Zeitungshandlungen, in deren Auslagen neben Drucksachen in den beiden großen Landessprachen auch deutsche, polnische, hebräische und jiddische auffallen. Ein kleines Reisebüro macht den Eindruck, Tel Aviv sei das nächste Ausflugsziel. Etwas glanzvoller wirken schon die Schaufenster mit Uhren und Juwelen, aber sie sind ebenfalls bescheiden dekoriert. Dazwischen liegen mehrere Filialen von Banken und Versicherungen, die meist in ihren Firmennamen das Wort Diamant führen. Schließlich stehen wir vor einer größeren grauen Fassade, einer der vier Antwerpener Diamantenbörsen. Der Zutritt ist grundsätzlich nur eingeschriebenen Mitgliedern erlaubt – das sind bei dieser Börse fast zweitausend Personen –, ein angesehener Gewährsmann macht es uns dennoch möglich. Da sitzen in dem großen, von Stimmengemurmel und Rauch erfüllten Saal an schlichten, langen Holztischen Männer – dies ist eine absolute Männerwelt – und beugen sich mit Lupen über die kleinen Steine; nur mit Pinzetten werden sie angefasst. Zur Ausrüstung jedes Börsenbesuchers gehört eine kleine Pendelwaage; es wird über die Preise verhandelt. Für eine letzte Kontrolle steht in einer Ecke des Saals, hinter einer Glaswand, auch noch eine amtliche Waage bereit. Es geht hier um Minimalgewichte. Mit einem Karat gehört ein Diamant schon zu den großen Steinen, und das sind im metrischen System 0,2 Gramm (das Wort *karat* kommt von dem arabischen *kirat* und bedeutete so viel wie ein Kern des Johannisbrots; damit wurde früher im Orient Gold abgewogen). Es kann vorkommen, dass einer der kleinen geschliffenen Steine aus der Pinzette springt und am Boden nicht gleich zu finden ist. Dann ertönt eine Alarmsirene, und automatisch schließen zwei Eisentore den Saal.

Neben dem Gewicht sind Lichtbrechung und Farbe wichtig; es gibt grünliche, gelbliche, bläuliche und weiße Steine, die beiden letzten sind die kostbarsten. Geschliffen werden sie zu Tränen, Schiffchen oder Stäbchen. Nur der auf sechsundfünfzig Facetten geschliffene Stein nennt sich Brillant. Dahinter steckt eine mühsame Präzisionsarbeit, für die man erfahrene Facharbeiter braucht. Deshalb lässt sich dieser Industriezweig nicht so leicht überall aufziehen. Heute ist Antwerpen sein größtes Zentrum, hier lebt und arbeitet die Hälfte aller Diamantenschleifer Europas. Vor dem Krieg hatte Amsterdam diesen Rang inne. Der Wandel ist eine Folge des Kriegs. Amsterdam war sehr schnell und überraschend von den Deutschen besetzt worden, die ansässigen Diamantäre hatten keine Zeit mehr zur Flucht. Den Antwerpenern war ein etwas längerer Aufschub vergönnt, um sich in Sicherheit zu bringen. Die meisten gingen nach Kuba. Nach dem Krieg reiste Antwerpens Bürgermeister, Camille Huysmans, dorthin und lud sie zur Rückkehr ein, damit sie das alte Gewerbe wieder in Gang brächten. Und die meisten kamen. Als Folge des Kriegs ist heute im Staat Israel eine starke Konkurrenz zur europäischen Diamantenindustrie entstanden. Es besteht jedoch eine gute

Zusammenarbeit; das zeigt schon der rege Flugverkehr zwischen Brüssel und Tel Aviv.

Die Rohdiamanten, die nach nichts Wertvollem aussehen, schmutzige kleine Steine, kommen heute vornehmlich aus Südafrika, früher war auch die Provinz Kassai im heutigen Zaire ein bedeutender Lieferant. Das Handelszentrum für Rohdiamanten ist London. Von dort werden sie unsortiert in Säckchen an die industriellen Abnehmer verkauft. Am Anfang des Wegs zum Schmuckdiamanten steht der Schläger. Er sieht sich den einzelnen Stein lange an und überlegt, wo er ihn am besten spalten kann, damit möglichst viele brauchbare Stücke herauskommen. Der erste Schlag, den er tut, kann entscheidend sein. Dann kommt das Schleifen. Für einen Brillanten kann das bis zu sechs Monaten dauern, erzählt der Inhaber einer Schleiferei, die sich nur mit großen Steinen abgibt. »Meine älteren Arbeiter sind oft wahre Künstler darin«, fügt er hinzu. Er weiß, wovon er spricht, denn bevor er Inhaber der größten Antwerpener Schleiferei für große Steine wurde, hatte er selbst diese Kleinarbeit gemacht.

Auch was beim Schlagen und Schleifen abfällt, kommt nicht etwa in den Müll. Einen großen Markt gibt es heute für die industrielle Verwertung. Die harten Diamanten, sogar noch der Staub, eignen sich für Schneide- und Schleifwerkzeuge. Nach alldem versteht man, dass die Welt der Diamantäre durch Nachrichten über die künstliche Herstellung von Rohdiamanten nicht erschüttert ist. Den Wert nämlich macht die Arbeit.

»Alles, was wir hier tun«, sagt der Inhaber der großen Schleiferei, »geschieht, um die Frauen schön zu machen.« Er holt aus dem Panzerschrank in seinem Büro ein riesiges Platincollier, protzig mit Diamanten besetzt, und legt es einer Frau um den Hals. Die fragt entsetzt: »Wer will denn so etwas tragen? Das ist ja schwer wie ein Mühlstein; wer will denn auch so seinen Reichtum zeigen?« – »Doch, doch«, erwidert der Diamantär, »es jibt Leit, die wolle zeije! Bei einem Diner kann ich doch nich Immobilie aufbaue und nich mein Jeld. Aber meiner Frau Diamanten umleje, das jeht.« Ein anderer Diamantär braucht keine großen Schmuckstücke, um den Diamanten einen Sinn zu geben. Aus der kleinen Tasche innen am Hosenbund zieht er ein Faltbriefchen heraus, darin liegen drei kostbare Diamanten: »Damit«, sagt er, »kann ich meine Familie ein Jahr auf der Flucht ernähren.«

Im Diamantenhandel herrschen strenge Bräuche, dabei werden die Geschäfte an der Börse von Hand zu Hand, ohne Papiere, erledigt. Für die Börsenzulassung braucht man daher zwei vertrauenswürdige Bürgen. Wer gegen die Regeln verstößt, wird unbarmherzig ausgeschlossen. Sein Name erscheint in allen Diamantenbörsen der Erde am Schwarzen Brett. Diese Strenge hat sehr viel zum Respekt der jüdischen Mitbürger in Antwerpen beigetragen. Von den dreizehntausend Angehörigen der jüdischen Gemeinden leben neunzig Prozent von der Diamantenbranche.

Die Zahl der Juden beträgt immerhin etwa ein Prozent der Einwohner Antwerpens. Wie kommt es aber, dass sie so geschlossen im »Getto« leben? Sie brauchen sich ja nicht zu verstecken, die belgische Libertät macht ihnen das Leben leicht. Nach dem Ladenschlussgesetz können auch Kaufleute den Sabbat einhalten und stattdessen am Sonntag öffnen. Die Bewohner der Hafenstadt sind seit jeher den Umgang mit fremdartigen Menschen gewohnt. Wenn Milchmann oder Bäckerjunge des Morgens mit *pailles* an der Tür stehen, ist das für keinen Antwerpener eine Überraschung.

Die meisten Juden sind belgische Staatsbürger durch Nationalisierung. Unter ihnen sagt man oft, der König und wir sind heute die einzigen Belgier, weil wir weder Flamen noch Wallonen sind. Belgische Juden gibt es nicht nur in Antwerpen, in

Brüssel zum Beispiel leben noch mehr; auf achtzehntausend wird dort ihre Zahl geschätzt, fünftausend sind es in Lüttich, dreitausend in Charleroi, und die übrigen tausend wohnen im ganzen Land verstreut. Dreizehn jüdische Gemeinden sind offiziell anerkannt, neben denen in Gent, Ostende und Arlon. Ein Oberrabbiner und sechs Rabbiner sowie sechzehn Kantore sorgen für die geistliche Betreuung. Das Dach aller jüdischen Gemeinden ist ein Konsistorium, das mit dem Staat verhandelt und auch im religiösen Bereich Entscheidungen treffen kann.

Warum ist in Antwerpen diese geschlossene Kolonie entstanden, die so solidarisch und viel religiöser zusammenlebt als die anderen Juden in Belgien? Die meisten kamen mit den Einwanderungswellen nach der Russischen Revolution und nach dem Zweiten Weltkrieg aus östlichen Ländern, wo sie das Leben in geschlossenen Gemeinschaften gewohnt waren und die religiösen Traditionen sich reiner erhalten hatten als im Westen. Manche kamen nach Antwerpen, weil sie dort schon eine Adresse kannten. Sie wollten eigentlich nur bleiben, bis sie sich die Papiere für eine Auswanderung in die USA oder sonst wohin beschafft hatten – und sie blieben hängen, weil sie eine Gemeinschaft nach ihren Vorstellungen fanden. Eine andere Antwort ist die Konzentration auf das Diamantengewerbe. In Antwerpen wurden sie kaum einem Assimilierungsdruck ausgesetzt. Deshalb werden so viele Kinder auf jüdische Schulen geschickt, und deshalb sind in Antwerpen die Synagogen stärker besucht als im übrigen Belgien. Wo sonst findet man noch chassidische Gemeinden, die vor dem letzten Krieg im Osten zahlreich und stark waren? Dort wurden sie völlig zerstört; kleine Gruppen findet man noch in Israel und in den Vereinigten Staaten. In Antwerpen haben sie sogar eigene Privatschulen eingerichtet.

Während wir uns in diese östlich gefärbte Antwerpener

Welt vertiefen, bleibt eine Erinnerung an die junge deutsche Vergangenheit nicht aus. Wir treffen einen Rabbiner, der in Heidelberg studiert hat, und einen Diamantär, der aus dem Schreibtisch ein Klassenbild von seiner Frankfurter Schulzeit herauszieht. Er zeigt auf diesen und jenen: »Der hat nicht überlebt und der nicht … und der ist heute in Israel, und der, den kennen Sie vielleicht, der hat heute in Frankfurt das Geschäft an der Ecke … « Seine holländische Frau, die uns sehr liebenswürdig empfangen hat, bemerkt ganz beiläufig, dass sie die einzige Überlebende von sieben Geschwistern ist.

# Flamen – drei Lebensbilder
*Helmut Domke*

GERARDI MERCATORIS RVPELMVNDANI EFFIGIEM ANNO.
DVORVM ET SEX – AGINTA.SVI ERGA IPSVM STVDII
CAVSA DEPINGI CVRABAT FRANC. HOG. CIɔ. Iɔ. LXXI4.

**Mercator – Der Mann, der die Welt veränderte**

Es ist von Gent aus gar nicht weit. Erst kommt Lochristi, dann Lokeren mit ein paar wunderschönen Barockgiebeln am Markt, deren allerschönster dem Reyngauthuis gehört. Barock ist auch die St. Laurentiuskirche mit der prächtigen Kanzel; Verhaegen hat sie 1736 geschaffen, ein Meister, der hierzulande viel tätig war.

Eine Zeit lang folgt jetzt nichts als die Weite des flandrischen Nordens, die Üppigkeit der Felder. Man rollt ins Waasland vor den Toren Antwerpens, eine der fruchtbarsten Landschaften Flanderns. Ihr Zentrum heißt St.-Niklaas-Waas. Darin kann man eine Kirche bewundern, die ebenso wie die Stadt dem Patron der Schiffer geweiht ist. Onze-Lieve-Vrouw verfügt wenigstens über einen St.-Niklaas-Altar. Die St. Antoniuskerk schließlich stammt aus derselben Epoche wie ihre Schwestern. Es sieht aus, als fordere die ungeheure Weite des Himmels überall zu schwunghaften Schmuckformen heraus. Denn barock sind auch die Cipierage, die heutige Stadtbibliothek, und das alte Stadthaus. Das Landhuis und das abseits im Park versteckte Walburg-Waterkasteel gehören noch der Spätrenaissance an. Allein, im Grunde sind die Bauten keineswegs die Kennzeichen des Stadtbildes, sondern die enormen Dimensionen des Marktes, auf dessen Buckelpflaster im Sommer unerbittlich die Sonne glüht. Man weiß gleich, dass man in eine Landstadt geraten ist, wo man Raum für Märkte braucht.

Wenig weiter im Süden liegt Temse mit seiner freundlichen Silhouette am Schelde-Ufer und von hier aus nach Osten am Zusammenfluss der Schelde und Rupel der Ort Rupelmonde. Die Grenze Flanderns ist da. Denn wie gewiss auch von Mecheln, Lier, Sint Amands und vollends Antwerpen in diesen Seiten die Rede sein wird, weil Flanderns Kultur im 17. und 18. Jahrhundert nur in unaufhörlicher Wechselwirkung mit diesen brabantischen Städten gedacht werden kann, so eindeutig ist die Schelde Flanderns geografischer Abschluss nach Osten. Hüben wie drüben geht es nicht weiter. Punktum.

Rupelmonde ist ein eigenwilliges Nest, das Stadtbild der niederen Häuser viel zu weit um einen Marktplatz geschart. Es besitzt einen Grafenturm an der Schelde, Rest eines Wasserschlosses auf romanischen Fundamenten, das einmal über siebzehn Türme verfügte. In dem Grafenturm gibt es ein Museum und in der Tiefe Gewölbe, die allesamt mit dem Mann zu tun haben, von dem hier im Eigentlichen die Rede sein soll, Gerhard Mercator.

Er war deutschstämmig. Seine Eltern hatten in Gangelt bei Geilenkirchen gelebt und hießen Cremer. 1512 weilten sie bei einem Verwandten namens Gisbert Cremer zu Besuch, und Gerhard kam sozusagen zufällig in Rupelmonde zur Welt. Aber ein Lustrum später kehrten die Eltern samt dem Kinde wieder und blieben für immer. Der Niederrheiner wurde zum Flamen. Das Kind zeigte sich anstellig; man schickte es zu den »Brüdern vom gemeinsamen Leben« nach 's-Hertogenbosch auf die Schule. Darauf bezog Gerhard die Universität Löwen, studierte Mathematik, Astrologie und selbstverständlich Philosophie. Dank einem Hinweis seines Lehrers Frisius Gemma schwenkte er nun zur Kartografie hinüber. Es war ein guter Rat. Gemma Frisius hatte das Genie in seinem Famulus erkannt, der seinen Namen inzwischen nach der Mode der Zeit latinisiert hatte und sich hinfort Mercator nannte. Die Epoche war den Geografen günstig. Die Entdeckungsfahrten kühner Seehelden verlangten zuverlässige Unterlagen für die Ortung der Schiffe. Außerdem liebte Kaiser Karl V. alle Gerätschaften, die mit der Seefahrt zusammenhingen, gleich ob Armillarsphären oder Astrolabien, über die Maßen. Es fehlte also auch an allerhöchster Protektion und an Aufträgen nicht.

Als Mercator fünfundzwanzig Jahre zählte, erschien sein erstes kartografisches Werk, ein Plan der Heiligen Lande. Er hatte ihn selbst in Kupfer gestochen, eine Kunst, die er sich frühzeitig aneignete. Im folgenden Jahr entstand bereits eine kleine Weltkarte, kurz darauf eine Karte von Flandern, die auf eigenen Messungen beruhte. Mercator hatte sich nach Abschluss seiner Studien in Löwen niedergelassen, mit einer Löwener Bürgerstochter verheiratet und verdiente sich sein Geld als Geometer. 1541 wagte er sich an ein sehr schwieriges Werk, einen Globus, der noch mittels nicht geklärter Berechnungen entstand und die Grundlage für etwas noch viel Komplizierteres schuf, die noch immer angewandte Mercator-Projektion. Bis dahin dauerte es allerdings rund fünfundzwanzig Jahre.

Mercator ging davon aus, dass sich die Erde auf einem Kartenblatt nicht wirklichkeitsgetreu abbilden lässt, weil sie Kugelgestalt besitzt. Ein Globus andererseits, und wäre er noch so groß, nützt einem Seemann nichts. Zur Berechnung seines Kurses bedarf er einer ebenen Kartenfläche, auf der sich der Schiffsweg als eine die Meridiane unter dem gleichen Winkel schneidende Gerade, eine sogenannte Loxodrome, darstellen

lässt. Um diesem Problem gerecht zu werden, begann Mercator mit einem vorsätzlichen Fehler. Er fasste die Erde nicht als
Kugel, sondern als ein zylinderförmiges Gebilde auf, das an
den Polen offen war. Auf diese Weise besaßen alle Breitengrade die gleiche Länge, während alle Längengrade senkrechte
Parallelen mit gleichen Zwischenräumen darstellten. Die aus
Längen- und Breitengraden gebildeten Rechtecke hatten also
die gleiche Basisgröße. Natürlich ließ sich dieses Mittel eines
so willkürlich verzerrten Erdbildes praktisch nur für die mittleren Breiten und die Äquatorialzone brauchen, weil die zugehörigen Längengrade polwärts bis ins Ungeheure steigen
mussten, um im entsprechenden Maßverhältnis zu bleiben.
Aber die Arktis und Antarktis waren für die Schifffahrt jener
Epoche ohnehin bedeutungslos.

Indessen, auch für eine solche Karte bedurfte es genauer
geometrischer Unterlagen. Woher hatte Mercator sie? Man
neigt heute zu der Annahme, die Karte von 1569 sei durch Abgreifen und Übertragen der entsprechenden Werte vom Globus auf die Karte entstanden. Hat Hogenberg 1574 den großen
Kartografen darum mit dem Zirkel in der Hand dargestellt?
Mercator weilte derzeit übrigens längst nicht mehr in Flandern. 1544 hatte man ihn unter dem Verdacht der lutherischen
Häresie in einem Verlies des Grafenschlosses von Rupelmonde inhaftiert. Er verdankte es wohl der Fürsprache mächtiger
Gönner, als er nach wenigen Monaten freikam. Aber die Panik
vor der Inquisition saß in ihm. Als er 1552 davon hörte, dass
den innerhalb der Reichsgrenzen wohnenden Protestanten
religiöse Duldung zugestanden war, verließ er die Niederlande sofort und ging nach Deutschland – nach Duisburg. Seine
Familie, darunter seine Söhne Rumold und Arnold, die sein
Werk fortsetzen sollten, wanderte mit. Anfänglich gab Mercator Unterricht an der Duisburger Lateinschule, um seinen
Lebensunterhalt zu sichern, darauf konnte er sich wieder an

die Aufgabe seines Lebens machen. Seit 1575 arbeitete er an einem Sammelwerk seiner Karten. Es erschien 1595, ein Jahr nach seinem Tode, als erster Atlas, den seine Söhne und später sein Enkel Johann laufend ergänzen sollten, bis das Werk endlich in die Hände des Jodocus Hondius zu Amsterdam überging.

Der Mann, der das Antlitz der Erde verändert hatte, liegt im Boden der Duisburger Salvatorkirche begraben. Im Chor der Kirche hängt noch immer ein kleines Holzepitaph zu seinem Gedächtnis.

## Jef Bouwmans Ende

In Sint-Amands jenseits der Schelde scheint die Welt in anderer Richtung verriegelt. Nur mit dem Fährboot kann man noch weiter nach Westen. Gut so! Sint-Amands ist ein Ort zum Anhalten und Aufmerken. Es hat für einen großen Dichter die Heimat bedeutet: Emile Verhaeren. Und er kam nicht allein in Sint-Amands zur Welt, er liegt auch dort begraben. Draußen am Stromufer, nahe der Kirche und direkt neben dem Ankerplatz der Scheldeschiffe und Fährboote auf einer vorgeschobenen Steinbastion. Das ist ein Platz wie vom Anbeginn der Welt! Bei Ebbe weicht das Wasser weit zurück. Silbergrauer Schlick hängt in langen Bänken zum Flussspiegel hinab, rinnt breiig in die Senken abgründiger Schlammlabyrinthe, die von Schöpfen gelben Rieds bekrönt sind. Und das Auge gleitet über den Silberspiegel des Flusses, durch das Silber der Atmosphäre … wahrhaftig, ein Ort der Größe und Poesie. Ach, Verhaeren – welche göttlichen Verse! »Der nächtige Himmel hat sich entfaltet« oder »Die Stunde, da man die Lampe erhellt, wie gut ist sie«. Aber auch:

»Durch die schwerfälligen Vorstadtstraßen,
durch das tränende Elend proletarischer Gassen,
durch das dumpfe und stumpfe Beisammensein,
das stets sich Belauern und heimliche Hassen der
 Häuserreihen,
durch alle ihre Laster, durch Diebstahl und Lüge
grollen grölend, wie zum Ersticken,
die schwingenden, ringenden Atemzüge
der wachen Fabriken.«

Nein, das hat er nicht irgendwo und irgendwie gedichtet, weil es grade in Mode war. Nur wenig weiter flussaufwärts der Rupel, und seine Verse sind noch immer bittere Wirklichkeit! Dort liegt Boom, ein winziger Ort kurz vor der Einmündung der Rupel in die Schelde. Man kann sich nichts Trivialeres vorstellen. Einige Selbstbedienungsgeschäfte, einige Händler für »Bromfietsen« – das sind Fahrräder mit einem winzigen Motörchen daran –, einige Abzahlungsläden, das Beerdigungsinstitut, der Doktor, die Hebamme, obwohl man weiß Gott nicht einsieht, warum es die Menschen so eilig haben, hier auf die Welt zu kommen.

Allein, genau genommen ist man noch immer nicht richtig an Ort und Stelle. Von Boom führt die Straße parallel zum Flussbett der Rupel nach Terhagen. Eine endlose Straße, eine Straße der Verdammnis. In etliche Kilometer weit ausgeschürfter Senke werden hier aus den grauen Tonablagerungen des Flusses graue Ziegel gebacken und rot gebrannt. Die Dächer der Trockenschuppen durchfahren die Tiefe in fast endlosen Geraden. Nach rückwärts verstellt die Tonhalde den Blick, die man – seit wie viel Generationen? – abbaggert, und den Ausblick nach Südwesten versperren ganze Batterien hoher Schornsteine. Die rauchdunklen Menschenhäuschen kleben am hoch gelegenen Damm der Hauptstraße wie Nes-

ter. Inmitten dieses Milieus biegt die Bosstraat von Boomhoek nach Norden in einen äußersten Winkel des Ortsteils ab.
Abermals ein Damm, diesmal um vieles höher. Gesäumt von
frühlingsgrünen Haselbuchen wie auf einem Romantikerbil-
de. Sie passen ganz und gar nicht hierhin. Darauf folgt auf einer ringsum abgegrabenen, steil abfallenden Höhe jener Winkel von Boomhoek, auf den es ankommt. Bei Seewind wird er
wütend attackiert von Regimentern jagender Wolken, deren
Regen herniederpeitscht wie Säbelhiebe, und umraucht vom
niedergedrückten Qualm der Ziegelöfen, der gleich zerfetzten
Fahnentüchern vom Schaft der gewaltigen Kamine flattert.

Am äußersten bewohnbaren Rand dieser Höhe steht Jef
Bouwmans Haus. In einer Wüstenei von Erdhaufen, Rasen-
flächen, Pfützen und in den Boden gerammten Stangen. An-
spruchslos wie alle alten Arbeiterhäuser Belgiens. Niedrig,
mit lang gezogener Küche und einer kleinen Schlafkammer
dahinter. Das ist schon alles. In der Küche der Herd und ein
kleiner Vorlegeofen, den Jef einmal geerbt hat. Aber der Ausblick durch die Fenster ist prächtig. Man sieht in der Ferne
einen Kirchturm, viele Baumreihen und hinter ihnen Grün-
streifen, die wie das Gelobte Land anmuten. Die Bastion stellt
den Rand des brabantischen Kempenlandes dar. Besser gesagt, man befindet sich hier oben genau über dem Inferno
einer jener Arbeitslandschaften, die seit Menschengedenken
bestehen und immer schlimmer werden. Wirtschaftlich betrachtet, geht es freilich den Arbeitern in der Ziegelindus-
trie nicht schlecht. Das lässt sich an der Kleidung und den
meist adretten Häuschen erkennen. Und da sie nun einmal
gewohnt sind, ihr Befinden nach dem zu bemessen, was auf
den Tisch kommt … kurz, sie sind hier geboren und damit
basta. Aber die Schändung der Erde, in deren Angesicht sie
aufwachsen, sterben, ist geblieben. Grade darum wirkt der
Zuweg nach Boornhoek, den Jef Bouwmans zweimal täglich

durchmisst, in seinen bräutlichen Schleiern zarten Grüns so ergreifend.

Jef hat diese Welt kaum jemals verlassen. Höchstens zu einer Kirmesfahrt in Jugendtagen nach Terhagen mit der klapprigen, alten Tram, die über den Straßendamm von Boom schlingert. Seit er älter geworden ist, bedient er im Ziegelwerk von Gorée en Cie eine Steinpresse. Ein Hebeldruck, ein Niederschlagen der Form, und schon liegt eine neue Lage nasser Rohsteine auf dem Brett, die sogleich zum Trockenschuppen hinüberwandern. Der junge Karel Pauwels karrt den Ton heran, und Mol Beukelaer, ein untersetzter, kräftiger Mann, der mit Jef zur Schule gegangen ist und im Krieg zusammen war, füllt das unersättliche Maul der Maschine. Manchmal blickt Mol seinen Freund Jef flüchtig von der Seite an, denn Jef darf nicht merken, wie besorgt Mol über seine graue Hautfarbe, seine blassblauen Lippen ist. Mol kennt sich aus. Wer verheiratet ist und Kinder besitzt, hat oft genug mit dem Arzt zu tun. Daher hat er sich längst seinen Vers auf das Aussehen seines alten »Makkers«, seines Kumpans, gemacht. Aber er spricht nicht mehr davon, weil es einmal Streit darüber gegeben hat.

Eines Tages freilich gibt es nichts mehr zu verschweigen, und das ist der Augenblick, wo unsere Geschichte von der Tragödie einer Landschaft in den tristen Bericht vom Schicksal eines ihrer Menschen übergeht. Jef hat sich in der kurzen Frühstückspause abseits auf ein paar Säcke gestreckt. Als Mol nach ihm sieht, hockt er da und hält den Kopf zwischen den Händen. »Jef«, sagt Mol mutig, »sei vernünftig und lass mich wenigstens fragen, geht es dir nicht gut?« – »Nicht sehr«, antwortet Jef. Es ist das erste Mal, dass er dergleichen eingesteht. »Kommst du nicht hoch?«, fragt Mol. Bouwmans atmet mühsam. »Die Beine wollen nicht …«

So fängt es an und geht weiter damit, dass Jef eigensinnig darauf besteht, wenigstens selber mit seinem Fahrrad die Bosstraat nach Haus zu pilgern. Mol, der dem Baas, dem Werk-meister, einen fragenden Blick zuwirft, darf mit. Die Arme auf Sattel und Lenkstange gestützt, zieht Jef voran. Es dauert eine Stunde, bis sie oben sind – eine Strecke, die Jef sonst in zehn Minuten schafft. Manchmal sagt Mol unterwegs vorsichtig: »Hör, Jef, ich bin das Steigen nicht so gewohnt. Lass uns we-nigstens einen Augenblick rasten.« Als sie endlich ankom-men, stößt Mol die niedrige Küchentür auf, nestelt die tonver-schmierten Bändel von Jefs rindsledernen Schuhen los und bringt seinen Freund zu Bett.

Das Krankenlager eines alleinstehenden Arbeiters? Das ist kein Spaß. Natürlich täte er besser daran, ins Spital zu gehen, aber er weigert sich hartnäckig, weil ihm dort sowohl Vater wie Mutter gestorben sind. Mit der gleichen verbissenen Un-logik sagt er wenig später zu Mol, der nach Feierabend auf einen kurzen Sprung heraufgeradelt kommt: »Mit mir ist es aus!« Mol bestreitet es heftig. Worauf Jef hinterlistig fragt, wer als Ersatz an der Maschine steht. »Ganz einfach«, lacht Mol, der auf der Hut ist, etwas unaufrichtig, »der zweite Junge vom Chef ist in Ferien da und muss sein Praktikum machen. Der schiebt jetzt mit seinen Herrenpfötchen Karels Schubkarren, Karel füllt die Maschine, und ich stehe am Hebel. Dein Platz bleibt frei. Ehrensache.« Es ist die größte Lüge, die Mol je-mals hervorgebracht hat, und er putzt sich umständlich die Nase, um sein Gesicht zu verbergen. Jef antwortet nur: »Hör gut zu. Ich habe noch die Strichliste von der letzten Schicht in der Tasche; gib sie dem Baas, damit er weiß, wie viel Stei-ne in den Schuppen gekommen sind.« Mol tut erstaunt und lässt das Taschentuch sinken. »Im Koffer auf dem Schrank ist Geld«, fährt Jef hartnäckig fort, »davon könnt ihr alles bezah-len. Schickt den Rest an meinen Bruder in Lille.« Und als Mol aufbegehren will, winkt er ihn heran und flüstert: »Meine Sil-bermedaille von der Meisterschaft ›Rund um Dendermonde‹

sollst du haben. Willst du? – Meine Arbeitssachen gib Karel, der hat die gleiche Figur ...« – »Was du dir alles einbildest ... was redest du bloß für dummes Zeug!«, schluckt Mol und geht hastig hinaus. »Ich will dir etwas zu trinken machen!«, ruft er. In Wirklichkeit kommen ihm die Tränen. »Jetzt haben wir ein ganzes Leben lang nebeneinander gestanden«, denkt er, »und was hat er von der ganzen Herrlichkeit gehabt? Oh, verflucht, verflucht!« Gut, dass in diesem Augenblick der Arzt erscheint. Er begrüßt Jef voller Munterkeit, betrachtet ihn, horcht ihn ab, schreibt etwas auf und lächelt wieder aufmunternd. Aber draußen, in Gegenwart von Mol, runzelt er die Stirn: »Schlimm genug, wenn der alte Eigensinn nicht ins Krankenhaus will. Aber ...« – »Aber«, wiederholt Mol fest und geduldig. »Unter uns Männern gesprochen«, sagt Doktor De Smed, »sie könnten auch dort nichts mehr ausrichten. Solch ein Herz lässt nicht mit sich spaßen. Rufen Sie mich, wenn es nötig ist. Das wird bald sein.« Als Mol wieder ins Zimmer tritt, liegt Jef auf der Seite und schläft. Mol geht auf Zehenspitzen zum Nachttisch, legt ein paar Orangen hin und zieht sich leise, leise zurück. Als er fort ist, wendet sich Jef auf den Rücken und schlägt die Augen auf. Es ist ein durchblasener Frühlingstag. Fast tut es ihm leid, dass er Mol, der sich so treu um ihn kümmert, hat gehen lassen. »Was habe ich nur«, grübelt er, »was ist mit mir los?« Ein starkes Gefühl von Freundschaft und Zärtlichkeit überkommt ihn, wie er es noch nie erlebt hat. Er wirft einen Blick in das Zimmer; da stehen die Möbel, die er von einer Tante geerbt hat. Der Kleiderschrank, die mit imitierter Maserung bemalte Kommode, darüber ein Bild seiner Eltern, vom Bruder, von dessen Frau, die er nie gesehen hat. Was werden sie in Lille denken, wenn sie die Nachricht erhalten? Dann gibt es einen Tisch und einen alten Lehnstuhl aus Rohrgeflecht, auf dem seine Sachen liegen. Sein Blick schweift nach draußen durch die Fenster: Die Wolken stürmen heran,

und wenn ihre schwere Armada aufreißt und Licht hindurch-
fällt, ist das Farbenspiel wundervoll. Das Grün der Bosstraat
mit den Haselbuchen breitet sein Geschmeide aus, und im
Grunde glimmt schwer, violett durchtönt und grau umran-
det, das Ziegelrot der Dächer von den zahllosen Trockenschuppen. Fern, ganz fern kann er hauchfein die mächtigen
Konstruktionen einer Scheldebrücke erkennen. Nah dagegen,
drohend nah, ragt die Batterie der gewaltigen Schorne auf, die
sein Schicksal waren und ihn zum Dasein eines Wurmes in
den engen Furchen der Trockenschuppen verdammt haben.
Jef ist weit davon entfernt, sich wie Mol oder seine Freunde in
Boom, die am 1. Mai vorm Rathaus die rote Fahne hochziehen,
darüber zu beklagen. Er liebt die Plage seines Lebens heute. Er
gesteht es sich zum ersten Male ein, dass sie sein Leben bedeutet. Er und sie sind identisch geworden. Als der Kaplan wenig
später ins Zimmer tritt – auch daran hat Mol gedacht –, liegt
Jef so still da, als schlafe er. Die Augen sind offen, und der noch
junge Kleriker drückt sie mit ruhiger Hand zu.

Dann bleibt nichts mehr zu tun als das, was in solchen Fällen immer geschieht. Hinter dem Leichenauto, einer pracht-
vollen, schweren Limousine mit brennenden Kandelabern
und schwarzen Federbüschen, ziehen, wie hierzulande üblich,
im Gänsemarsch und ohne Hut die Leidtragenden oder die
sich dafür halten einher: Jefs Bruder, der in Lille offenbar auch
nicht sein Glück gemacht hat, Mol, Karel, drei Freunde vom
Syndikat. Nur Männer. Die Dreierphalanx der Trauergäste
dahinter ist kurz. In der Kirche machen Jefs Freunde von der
Gewerkschaft verlegene Gesichter, und nur Mol neben seiner
hageren Frau sieht wirklich unglücklich aus. Und weil nach
dem Begräbnis der Bruder aus Lille keine Anstalten macht,
steckt der Prokurist von Gorée en Cie Mol einen Schein zu; so
können sie wenigstens in der Kneipe Zur Brieftaube ein Glas
Gedächtnisbier trinken, während draußen der Westwind wie

immer bläst und der Rauch der hohen Schornsteine hilflos an den langen Kaminen flattert. Wenn es einmal mit Mol oder Karel oder irgendeinem anderen hierzulande so weit ist, wird es genauso sein. Niemand kennt es anders. Es ist ihre Welt, und eigentlich gilt für sie alle, was der Dichter geschrieben hat, der dort hinten in Sint-Amands am Schelde-Ufer begraben liegt:

In diese Städte, die nächtiger Schauer
und die Flamme der roten Feste ummauert,
schließe dich ein,
mein Herz, um groß und gewaltig zu sein!

Aber sie wissen es nicht.

## Bei Felix Timmermans in Lier

Morgen grau in grau. Ein Tag wie jeder bricht an. Möwen sicheln durch den Himmel, fallen in die tiefe Bucht eines Marktplatzes ein, um dessen Dreieck ein Karussell von Radfahrern zur Arbeit hastet. Autos jagen einander. Die Busse spielen in diesem Konzert der Motoren die Bässe: der nach Heist-op-den-Berg im Crescendo, weil der Fahrer so eifrig schaltet; der nach Mecheln im Diminuendo, weil er ohne viel Aufhebens davonrollt; der nach Antwerpen den Basso ostinato, weil er am häufigsten fährt. Morgen in einer brabantischen Mittelstadt! Alltagsmorgen in der Stadt Felix Timmermans, der einst in einer Selbstbiografie schrieb: »Es mag sein, dass man von Lier nach Italien geht, aber kein Mensch kommt von Italien nach hier« … Ah, weit gefehlt, sie sind doch gekommen, die Italiener. Die Nacht war keineswegs friedlich gewesen, und man kannte das schon: die Monteure des Werkes aus Genua, die draußen vor der Stadt eine Werkstatt einrichteten, randalierten nicht Grade, indessen blieb ihre südlich muntere Gegenwart spürbar, wo sie gingen, standen, saßen. Ungeniertes Türenschlagen zur Schlafensstunde, ein hingeschmettertes Parlando allezeit und gelegentlich sogar die nächtlichen Flehrufe um Einlass eines verspäteten Bruder Amoroso, der seine Schäferstunde bei der einzigen willfährigen Dame des Ortes zu lang ausgedehnt hatte, die man gelegentlich frierend am Bahnhof sah.

Einerlei. Mag einer geschlafen haben oder auch nicht: es bimmelt und läutet von allen Türmen und Türmchen sieben Uhr. Die Stunde der jungen Mädchen hebt an, der Aaltjes und Aagjes, der Nets, Jos und Marietjes, gelegentlich sogar einer Manon und Minou. Lauter *tikster en verkoopster*, Schreibfräulein und Verkäuferinnen, treten blond oder schwarz umzottelt aus den Haustüren von Lier und pilgern an den Läden von Borghans und Pelgrim vorbei zur Haltestelle des Antwerpener Busses. Darunter, liebe sechzehn alt, Ans Pontejour mit dem dunklen, seidigen Haar und den zärtlichen Augen, die zu dem schönen flämischen Vornamen Antonia und einem französischen Nachnamen ein ganz unverwechselbar spanisches Aussehen besitzt. Wie sich das hierzulande gelegentlich eben trifft. Sie hat es besser als die anderen. Sie braucht nicht weit, nur eben über den Markt, denn sie wohnt gleich neben dem Hotel du Commerce. Morgens, wenn sie aufsteht, sieht sie aus ihrem nach hinten gelegenen Zimmerfenster die Pappeln des Nethedeiches hinter der Béguinage wie Besen gegen den Himmel stehen, dort, wo Timmermans unsterblicher *Pallieter* gewohnt hat oder die Fantasie des Lesers ihn ansiedelt.

Diese erste der großen Stunden von Lier geht unmittelbar in die zweite über. Längst hat ein Klatschen von Brettern, ein Rasseln von Ketten, ein Türenschlagen, Rangieren von Autos begonnen, das seine Art hat – lauter Vorbereitungen der wöchentlichen Parade nackter Hühnerleiber, blutig gelber Rossviertel und rosig lächelnder Schweinsköpfe! Natürlich auch anderer Schaustellungen, wie sie zu einem richtigen Markttreiben gehören: Gebirge von Käse, fette Klumpen von Butter, Hochhausbauten blasser Eier, dazu ferner orangefarbene, knallrote, tiefdunkelrote, hellgelbe und saftgrüne Stapel von Obst und Gemüsen. Stände mit Kleidern, Stände mit Spitzen, Klompen, Geschirren, Mützen, Tees, Sämereien, Blumenzwiebeln und Plastikwannen fehlen natürlich nicht. Der Sonnabendmorgen, das ist der Tag, an dem das Leben in Flandern höhere Wogen schlägt. Die Frittenbude vor der Buchhandlung Van In en Cie macht schon ganz früh auf, und Claes vom Hotel du Commerce steht bereits um acht Uhr hinter der Bartheke, um die vielen Wünsche der Händler und Marktfrauen zu befriedigen, die alle vor dem großen Sturm noch etwas verzehren wollen: Koffie, Beer, Sinnasjus. Auch die Läden sind von der Partie. Das Scheuern der Fußböden, und zwar mit schön heißer Seifenlauge, die über die Trottoirs bis zum Rinnstein schwemmt, beginnt diesen Morgen besonders früh, denn schon setzt der Aufmarsch der Landleute ein. In Kaufhäusern, Schuhläden, vor den Textilständen des Marktes, überall wählende, prüfende Hände. In den Hauptstraßen schwillt der Verkehr. Am Stadhuis sind Verkehrspolizisten postiert, haben ihre schweren Motorräder an die Seite geschoben und schicken Ströme von Autos auf hoffnungslose Umfahrten.

Allein die Nebenstraßen bleiben so still wie eh und je. Dafür ist Lier eben Lier. Da tschilpen lediglich die Spatzen, gähnt ein schwarzer Hund vor der Haustür. Die einzige Sensation an diesen Paradefronten der je nach der Jahreszeit in den Fenstern blühenden Clivien, Kakteen, Usambaraveilchen, Narzissen ist der Suppenwagen, der sich vom Beginenhof über den Wilsonplein bis zum Spui immer näher heranläutet, bis sein gellendes Stakkato auch um die St.-Gommarus-Kirche, das Herz von Lier, aufklingt. Wieder so eine praktische Einrichtung! Die Frauen in der Antwerpener Gegend kaufen die Mittagssuppe fertig am Wagen.

Tatsächlich, man weiß nicht wie, aber es ist im Handumdrehen Mittag geworden. Alle Kneipen sitzen voll mit Landleuten, die Wiedersehen feiern und gewaltige Rauchwolken paffen. Schon bauen die Händler ihre Stände ab. Über den leer werdenden Marktplatz zieht humpelnd der stets aschgraue Tim Peremans mit seinem rot-weiß-rot gestreiften Karren, der das Verkaufsfest des Morgens mit seinem Besen im Zeitlupentempo liquidiert. Sollte die Sonne durchkommen, erscheint um diese Stunde mit einem Schal um den Hals unweigerlich auch der alte Janssens; richtig, der Freund von Felix Timmermans, der ihm die Kleuren, die Farben, in seine Holzschnitte getuscht hat.

Mittag also! Das wäre Gelegenheit, von Fe selber zu reden; so nennen sie Timmermans kurz und bündig: Fe – mit einem kurzen, offenen e. Es ist ihre Marotte, alle Namen so abzukürzen, dass sie wie Knallfrösche aus dem Munde springen. Aber es wäre auch Gelegenheit, von der Vergangenheit dieser Stadt und St. Gommarus zu sprechen, denn Timmermans und der Heilige und seine Kirche und all das andere, Vergangene gehören ganz eng mit Lier zusammen! Der Dichter des *Pallieter* kam sozusagen im Schatten von St. Gommarus zur Welt, und im nämlichen Schatten ist er vor lauter Schreck gestorben, als ihm ob irgendwelcher Umtriebe zwei Jahre nach dem Krieg der Exilierungsbescheid ins Haus flatterte. Man denke, eine regelrechte Verbannung vom Ort seines Lebens für einen Mann, der Lier in der ganzen Welt bekannt gemacht und für einen Menschen, der niemals an Kollaboration gedacht hatte! Doch das bleibt eine Tragödie ganz eigener Art … Jetzt muss man schon nach draußen zum Friedhof Kloosterheide gehen, um ihn zu besuchen. Oder man kann von der St.-Gommarus-Kirche vorüber an der romanischen St.-Pieters-Kapelle wandern, nun die St. Gommarusstraat entlang, darauf nach rechts in die de Heyderstraat hinein: da liegt sein Haus – zweieinhalb Stockwerke hoch, eine weiß gestrichene, fast klassizistische Fassade, hinter der bereits der Vater Spitzenhändler in einer Umgebung der einfachen Leute gewohnt hat. Fes Witwe und Tochter leben da immer noch. Aber das ist es nicht, auf das es hier ankommt, vielmehr: Das Ende der Straße beschließt wie eh und je die Kluizekerk oder Klausnerkirche. Darin steht eine prächtige schmiedeeiserne Arbeit von 1479, der »Gommarus-Eichbaum«, rund drei Meter hoch. In drei Etagen wächst das Eisengestänge, das die Äste darstellt, aus dem armdicken Eisenstamm. Schmiedeeiserne Blätter und Eicheln bilden eine richtige Laubkrone. Wie viel Poesie geht von diesem eigenwilligen Stück Kunstschmiederei aus, das so genau nach Lier passt! Zu dem Baum nämlich gehört eine sehr bezeichnende Geschichte, die ein Wunder und auch wieder keines erzählt. Sint Gommarus, so heißt es, erwies seine Heiligkeit dadurch, dass er seinen Gürtel um einen frisch geschlagenen Baum schlang, und siehe, er grünte weiter! – Wirklich, genauer betrachtet ist da gar nicht viel Übernatürliches im Spiel. Aber wie wunderbar, dass man hierzulande eine vegetabilische Operation als ein so ausnehmendes Mysterium empfand, groß genug, eine ganze Legende darumzuweben. Da hat man das Flamenland vollkommen, auch wenn es brabantisch ist. Und auch der ganze Timmermans samt seinem *Pallieter* stecken in dem Stückchen Legende.

Freilich ist auch in Lier heute längst nicht mehr alles erbsengrün und rosenrot, was Natur heißt, und keineswegs immer echt, was sich des Dichters rühmt. Die liebe Nethe sieht meist wie ein Schlammgraben aus, so haben sie den Fluss durch Kanäle und Wasserentzug ruiniert, und was das andere betrifft … es gibt heute sogar eine Pallieter-Limonade. Schweigen wir davon; halten wir uns an die Kostbarkeiten der Stadt.

Die Kirche St. Gommarus mit ihrem gleichsam aus Spitzen gewebten Lettner vor allem. Denn hier wurde am 20. Oktober 1496 die Ehe Philipps des Schönen mit Johanna von Kastilien eingesegnet, welcher vier Jahre später der nachmalige Kaiser Karl V. entspross! Aber ob hier oder an der Gevangenispoort oder an dem Zimmertoren mit seiner berühmten Uhr, die ungefähr alles misst, was im Himmel und auf Erden messbar ist und an der es einen Zeiger gibt, der sich erst in sechsundzwanzigtausend Jahren ein einziges Mal um sich selber gedreht haben wird … das Schönste bleibt stets, dass in Lier gar nichts zurechtgemacht oder zurechtgerückt wirkt. Es ist da und damit gut. Eingeschlossen das köstliche Rathaus des Spätbarock am Marktplatz, in dem König Albert 1914 sein Stabsquartier aufschlug, ehe er sich nach Veurne absetzen musste. Lier sollte übrigens schwer durch deutsche Beschießungen leiden, in beiden Kriegen.

Doch zurück zum quellenden Leben dieses Sonnabendnachmittages! Die belgischen Niederlande und mit ihnen Lier sind gewiss bienenfleißig. Allein, sie machen kein Aufhebens davon. Ebenso gelassen leben sie, dabei weniger puritanisch und sicherlich auch erfüllter als ihre Vettern im Norden, so wie man den Überschwang von Timmermans *Pallieter* verstehen muss. Und wie gern sie feiern! Möglichst einmal an jedem Tag. Schon sinkt die Dämmerung. Das ist die Stunde, hinter dem Beginenviertel über den Nethedeich zu gehen. Dort, wo die hohen Klinkermauern das verschachtelte Genist der Dächlein und Häuschen sicher gegen die Welt abschirmen und die Bäume als haarfeine Gespinste gegen den Himmel stehen. Der Wind geht kühl, der Kalender zeigt spät im Jahr. Es scheint ganz und gar unwahrscheinlich, und doch verhält es sich so. Im Gebüsch hinter dem Ried, zwischen Deich und Fluss, singen die Vögel, gar nicht zaghaft, vielmehr bewusst und richtig auf Übung und Gewöhnung bedacht, als gehe von dem schwarzdunklen Anwesen der kleinen Höfchen und Gässchen hinter dem Deich eine besondere Wärme aus. Vielleicht, dass die kleinen Madonnenfigürchen, die in laternenartigen Kästen über den Haustüren hängen, dazu mithelfen? Die kleine Ans Pontejour, längst von ihrem Schreibsesselchen in der Antwerpener Meir, der großen Hauptgeschäftsstraße, zurück, hat wirklich allen Grund, hier eine Abendpromenade zu machen – selbstverständlich nicht allein. Mit ihr wandert ein großer, blonder Junge, der noch zu jung ist, um viel zu sagen oder gar ihren Arm zu nehmen, und die Kleine mit den zärtlichen Augen spielt das ewige Spiel von Anlockung und Versagen mit der ganzen verschmitzten Überlegenheit einer Evastochter. Sollte er einmal zu viel Feuer fangen – ganz einfach! Dann wird sie amüsiert auflachen und einfach sagen: »Gehen wir zu den Beginen!« Abends durch die Béguinage zu streifen, in der längst keine frommen Schwestern mehr wohnen, sondern nur alte Leute, ist wirklich ein herrliches Spiel für junge Menschen. Die Geschichte vom Beginchen Symforosa, nach dem übrigens heute ein Sträßchen in der Lierer Béguinage benannt ist, kennt jeder. Und so wie Symforosas Häuschen tragen alle ihre gelegentlich recht verqueren Heiligennamen. Was soll man beispielsweise von Sinte Odrada halten? Oder gar von einem Gässchen, das sich Hemdmouvkenstraat, Hemdärmelstraße, nennt? Doch als Ans und ihr Freund hier angelangt sind, geschehen zwei Dinge, die ihren Vergnügungen jäh ein Ende bereiten. Mit rasselndem Bund erscheint die Beschließerin auf der Szene, um das Haupttor für die Nacht zu verriegeln. Neun Uhr abends! Zudem dröhnt draußen auf der Straße plötzlich ein kräftiges Bumbum – irgendein politischer Klub, der einen Fackelzug durch die Straßen unternimmt. Vorweg eine Musikkapelle, dann ein paar kleine Jungen mit Fackeln in den Händen. Sie müssen ungeheuer große Schritte machen, um im Takt zu bleiben. Zwischen ihnen ein halbes Dutzend

Autos mit lauter politischen Parolen darauf: Für die Kultur, für die Freiheit, für den Einzelnen, für alle, für die Jugend und für das Alter. Es fehlt nichts. Höchstens an Zuschauern. Denn kein Mensch in den stillen Seitenstraßen Liers denkt auch nur daran, aus dem Fenster zu schauen. Oder sollten sie allesamt nicht zu Hause sein? Was tut man am Sonnabend in Lier? Die einen besuchen die Theateraufführung des Königlichen Alt-lehrlingsverbandes, andere gehen in den Gesangverein. Die Hauptgruppe aber verschwindet in den Restaurants – dort, wo die Koryphäen des Billardspieles, umstanden von weitem Zuschauerkreis, ihre Kunst zelebrieren oder man Karten drischt. Sie sind passionierte Spieler, die Flamen. Die Jungen aber verschwinden im Dancing. Dort sieht man sie durch die große Scheibe tanzen, alle die Aagjes, Aaltjes, Nets, Jos und Marietjes, auch die Manons und Minous, und darunter selbstverständlich Ans Pontejour. Sie tanzt vielleicht am leidenschaftlichsten. Aber es hat nicht das Geringste mit Erotik zu tun; sie tanzen allesamt aus Freude an der Bewegung, und sie tanzen sich die Schemelhockerei einer ganzen Woche aus dem Leib. Müssen die Burschen, wie es oft vorkommt, in einer dichten Traube vor der Theke eins ihrer endlosen Palaver halten, tanzen die Mädchen eben unter sich. Bis am Eingang eine Stimme erschallt: »Damens en Heeren – rustuur!« Feierabend! Liers Tag ist zu Ende. Und alles versinkt in der friedvollen Stille der ungeheuren Weite, die über dem Land liegt.

# Rückkehr nach Belgien
*Hugo Claus*

In meiner Erinnerung – (ich war drei Jahre fortgewesen und bin vorgestern zurückgekehrt. Warum und wie, so plötzlich und unerwartet auch für mich selbst? Eines Nachmittags in Rom, vor fünf Tagen, stand ich auf einem Omnibus zwischen italienischen Damen und Herren, die Herren den Bauch herausgestreckt und rund und ölig nach ihrem fünfundzwanzigsten Lebensjahr, die Damen liebäugelnd und ihr wiegendes Fleisch jedem Griff, jedem Kniff oder jeder Zärtlichkeit herausfordernd darbietend, bis sie entrüstet aufschreien oder auf die schuldige Hand schlagen. Auf dem Omnibus stand ich, in Hitze eingeklemmt. Es war sogar zu warm zum Gaffen. Und plötzlich, als erwachte ich auf einer fremden Insel, wo Wogen ohrenbetäubend den Lärm der Menschen überspülten, fühlte ich mich unsäglich allein, und ich horchte um mich – da wusste ich, was es war, ich hörte, dass die Sprache, die alle um mich herum laut und ungeniert redeten, eine fremde Sprache war, wenn ich sie auch noch so gut verstand. Dies sind andere Menschen, dachte ich, sind nicht meine eigenen Menschen. Dies ist nicht mein Land. Wobei ich nicht an mein Geburtsland dachte, sondern an einen enger begrenzten, eigeneren Raum, den ich als mein eigenes Land mit mir tragen konnte. Danton konnte sein

Vaterland nicht an seinen Fußsohlen mittragen, ich dagegen dieses nahe, linkische eigene Vaterland wohl. Woraufhin ich wusste: Hierhin gehöre ich nicht, nicht auf diesen Omnibus, nicht zu diesen melodischen Erzählern; hier steht in diesem Augenblick ein hitziger, loser Schatten meiner selbst, nein, eher eine abgeschwächte Ausgabe von mir. Verworrene Gedanken also, unklare Empfindungen, zugegeben, jedenfalls reiste ich anderntags, noch sonnentrunken, noch in fremde Hitze verstrickt, von der Stazione Termini ab und kehrte zu der Stadt zurück, in der ich wohne) – in meiner fernen Erinnerung war ein jahrelang mit mir herumgetragenes Foto, meine Stadt, gries und grau; aber während ich zwischen den alten Steinen dahinging, sah ich, als werde ein Diapositiv zwischen das Bild meiner Erinnerung und die wirklichen Türme, Dächer, Spitzbögen und Giebel geschoben, dass es Licht in diesem Gries, Farbe in diesem Grau gab. Und es machte mich glücklich, ich hüpfte, ähnlich wie beim Dreisprung, weiter, ich kaufte eine Tüte Pommes frites und warf zwölf davon in das Wasser der Leie, die leise strudelte. Die Leie stinkt in Gent. Kinder und Fremde, die von Gasthäusern aus das grüne, träge Wasser betrachten, rufen: »Es regnet!«, denn im Wasser erblicken sie Tausende von Blasen, die davonwellende Kreise bilden, und wenn sie dann zögernd über die trockenen Pflastersteine zum verregneten Wasser schlendern, ist es ein Regen unter der Haut. Gas entströmt der Tiefe, in der jahrhundertelang Unrat seinen Bodensatz im städtischen Morast zurückgelassen hat, und dringt in Luftblasen und Ausdünstungen zum Licht. Ein Beobachter mit wissenschaftlichen Neigungen hat sogar den giftigen und in sich gekehrten Charakter der Genter der Verpestung der Luft in Gent durch die Gase seines Flusses zugeschrieben; die Genter, meine dickköpfigen, verschlossenen, verbitterten Stadtgenossen, sollen durch seine Schwefelluft erblich belastet sein. Es ist möglich, aber warum immer der Wissenschaft auf ihren krummen Wegen folgen, vor allem wenn sie erst aufgrund der Tatsachen Erläuterungen gibt?

Ich hickelte also und sprang hüpfend durch meine wiedergefundene Stadt. Ich begrüßte das Grafenschloss, neben dem sich ein grässliches modernes Gebäude erhebt wie ein Musikautomat in einer Abtei. Ich winkte den Zinnen. Guten Tag, Genter Helden, guten Tag, Folterer, Gläubige, Freiheitsschreier, ich bin zurück aus dem Land, wo die Zitronen blühen. Niemand erwiderte den Gruß. Dann folgte ich dem Lievekaai und betrat das Wirtshaus De Hei – »Die Hölle« –, entschlüpfte dem Nachmittag voller Möwen und Touristen.

»Oho, der verlorene Sohn«, rief der Wirt. Und ich, der ich ihn schon »Oho, der wiedergefundene Vater« nennen wollte, stockte. Die Leute im Lokal – vier Uhr, Arbeitslose, Stempler, Invaliden trinken schon ihr soundsovieltes Glas – sahen mich lächelnd an. Denn wer nicht antworten kann, wenn er angesprochen wird, ist kein Mann, kein Freund, man hat Mitleid mit einem solchen Stotterer, er kann nichts dafür, dass er nicht einer der Unseren ist.

»Ist das dein Sohn? Nicht gerade, um stolz darauf zu sein«, sagte eine hohe, mir irgendwie bekannte Stimme.

»Er ist verloren gewesen, das macht traurig«, sagte der Wirt und lachte, dieser brummige Seehund. Der Wirt ist der fett gewordene, faule Teufel dieser »Hölle«. Nur die gekrümmten, buschigen, pechschwarzen Augenbrauen über dem scharfen Blick verraten sein Teufelstum, das Übrige ist lose herabhängendes Fett um ein undeutliches, massives Gestell, das er wie eine Bürde herumschleppt. Oder, wenn er am Samstagabend mit einem Mädchen tanzt, wie ein Ornament. Doch obgleich er wiegt und walzt, der Wirt ist nie ganz bei der Sache. Sein Geist, teuflisch gelähmt und träg geworden, treibt immer verloren neben dem warmen Mädchen durch die Spelunke seines

Lokals. Die Spelunke? Ja, »Die Hölle« stammt aus dem 17. Jahrhundert, das steht eingraviert am Giebel neben den Figürchen des ziegelroten Basreliefs, die in wogengleichen Flammen versinken, um Erbarmen schreiend und armefuchtelnd. Drinnen haben viele vergangene Generationen allerlei angebracht: fast unleserliches Gekritzel auf der Höhe des Ausschanks, Fingerabdrücke, Risse in den Mauern, Eichenbalken und zwei Gemälde, die zwei ganze Wände beanspruchen. Darauf werden noch viele Jahre lang allerhand männliche Notabeln prangen, Brauer, befreundete Wirte, vornehme Kunden. Sie sitzen gedrängt an Bierfässern, heben ihr Glas und werden durch lebensgroße Dämonen gequält, die ihre Dreizacke in die Popos pieksen. Je nach ihrem Ansehen sind die Persönlichkeiten mehr oder weniger in den Vordergrund geschoben worden, obwohl hier und da, ganz im Hintergrund, plötzlich ein fleischiger Notar auftaucht, mit einem Kopf außerhalb aller Proportionen, einem Riesenballon mit gleißenden Augen.

»Verloren? Und wo denn, wenn man fragen darf?«

»In Italien.«

»In Italien?«

»Ja«, sagte ich.

»Das ist sehr weit, um verloren zu gehen. Das kann man hier in den Wäldern von Deurle auch«, sagte die hänselnde hohe Stimme. Wer war es doch? Ich setzte mich hin und bestellte ein dunkles Bier. Der Wirt klopfte mir zum Willkommen auf die Schulter. Wer hatte gesprochen?

Da erblickte ich ihn. Ich hätte es erraten sollen. Der Kaiser des Viertels, Wiel van't Vat – »Rad vom Fass« – saß, bis dahin unsichtbar, in der Ecke beim Ausschank und spielte mit zwei Herren in Overalls Karten. Er streckte nun seitlich, auf Tischhöhe, seinen Fuchskopf zu mir hin.

»Na, kannst du mir nicht Guten Tag sagen?«

»Guten Tag, Wiel van't Vat. Wie gehts?«

»Wie mit dem Wetter. Danke.« Und missmutig knallte er eine Karte hin. Die Overall-Herren nickten sich zu. Ich setzte mich an ihren Tisch. Wiel van't Vat – er hatte natürlich einen anderen Namen, einen unechten, einen für seine Kennkarte, einen für das Polizeipräsidium – wurde und wird von den Frauen dieses Viertels, das wegen früherer Missetaten der damals noch Schwert und Würfel tragenden Mönche das Patershol – die »Pfaffenhöhle« – genannt wird, heftig umschwärmt. Man kann beobachten, wie Frauen an betriebsamen Tagen, also am Samstag und Sonntag, wenn der Wochenlohn oder die Gemeindeunterstützung durchs Fenster fliegen, näher zu seiner Ecke in der Wirtshäusern, die immer die Ecke neben dem Ausschank ist, rücken, näher und näher, ein Glas Bier in der Linken, scheinbar beiläufig und unabsichtlich. Wiel van't Vat ist auf der Hut, wenn er diese runden Schönheiten nahen sieht, seine Augen schielen scheu nach links und rechts. Aber manchmal ist der Angriff einer Frau oder einer Frauenmeute allzu vielseitig, allzu sehr auf verschiedene Fronten verteilt, und oft geschieht es, dass es einer Dame gelingt, ihr Samtpfötchen über die Erhöhung zwischen seinen Schulterblättern gleiten zu lassen. Dann hat sie ein ganzes Jahr lang Glück. Dann wird sie unweigerlich innerhalb dieses Jahres einen fleißigen und liebenden Ehemann bekommen. Oder ihre Großmutter wird endlich sterben und ihr jenen Kleiderschrank mit den Schnörkeln vererben. Oder sie wird ein neunpfündiges Kind gebären. Ein Buckel bringt nun einmal Glück, jene Berührung ist, wie verstohlen und listig und flüchtig sie auch sein mag, immer gut für irgendetwas … Man behauptet – dieses anonyme, schreckliche, munkelnde »man« – dass Wiel van't Vat dieser oder jener munteren und geilen sechzehnjährigen Gans seinen Buckel gern zum Streicheln überlasse. Man behauptet auch, dass er dafür nur zwanzig Franken verlange, wenn man ihn höflich darum bittet. Aber das glaube ich nicht, er hält seine Gottesgabe in Ehren, dieser Fuchsäugige, und er ist zu dankbar für das Großartige, das ihm zuteil geworden ist. Denn man vergesse nicht, dass Buckel nicht nur in der Liebe Glück bringen, sondern auch beim Kartenspiel, beim Billard und in der Lotterie.

Aus dem Nachmittag wurde Abend. Das Licht schoss in die Nischen, fiel auf das farbige Bild von Marcel Cerdan mit all seinen Trophäen und drei Paar Boxhandschuhen und seinem silbernen Weltmeistergürtel. Fahles Licht. Draußen kreischten Kinder, schrien Mütter.

Und während ich bei der folgenden Runde das Spiel der anderen zu erraten versuchte, wobei ich dem Overall-Herrn, den man Wardje nannte, in die Karten schaute – er hatte Herzkönig viermal gedeckt und zwei Asse –, kam ein seltsamer Einfall in dem Hohlkopf des »Höllenwirtes« auf, ja, wirklich etwas aus dem Jahre null, denn er sagte wahrhaftig:

»Wiel, angenommen, dass ... stell dir einmal vor, dass – hm – dass du deinen Buckel verlieren würdest ...«

Wiel van't Vat hob seine eine Schulter etwas höher, kniff seine Augenschlitze zusammen und richtete seine hellgelben Augen auf den Teufel. Seine Hände fummelten an den Karten herum. Es wurde still im Lokal. Draußen gurrten Tauben.

»Was für eine Frage!«, sagte eines der beiden Mädchen, die mit ihrer Mutter am Nebentisch Geuze tranken. Es war blass, erschrak wahrscheinlich über den jähen lauten Zwischenruf.

»Das habe ich mir den ganzen Nachmittag überlegt«, sagte der Wirt, dieser Windbeutel, dieser aufgedunsene Teufel fortgeschrittenen Alters. »Ich dachte: Wenn Wiel nun einmal seinen Buckel verlieren sollte ...«

»Das ist doch unmöglich – Wiel ohne Buckel«, sagte der Kartenspieler, der Wardje genannt wurde. Ich schwieg und dachte: Das ist schlüpfriges Pflaster, ich halte mich lieber kusch.

»Natürlich ist das möglich«, beharrte der Wirt. »Mit ihrer Herumdoktorei können sie heute alles. Sie spalten den … den … nun ja, den …« Er suchte ein schwieriges Wort, gab es aber auf. »…o und sie ziehen die Wirbelsäule gerade, und …« Stille. Wir warteten.

»Möchtest du denn das?«, fragte Wiel van't Vat mit leiser Stimme, höher noch als soeben. Ein Kinderstimmchen. Es schien, als hätten wir in diesem rauchigen Lokal erkannt, dass er eigentlich nie ein Erwachsener gewesen war, dass er in den letzten dreißig Jahren seines wackeligen und reichen Daseins den Vierzigjährigen gemimt hatte, dass ein Kind über das Patershol herrschte.

»Natürlich nicht«, erwiderte der Wirt sofort.

»Doch.«

»Nein, Wiel, wirklich nicht.«

»Doch, das möchtest du!« Wiel van't Vat bekam rote Augen, die herausquollen; wir sahen, dass, wenn er nicht weinte, dies an einer Kraftanstrengung lag, die über seine Kräfte ging. Er schob seinen Stuhl mit einem Quietschen zurück, das aus seinen verzerrten Lippen zu kommen schien. Er ergriff sein Glas Pils, das noch drei Viertel voll war, und goss es, nein schleuderte es im Handumdrehen dem Wirt über den runden Wanst, der üppig über dessen Gürtel herabhing. Es hätte alles in diesem geschlossenen Kreis passieren können, denn deutlich zu hören war das Brummen des Teufels, das Zischen der Mutter, die ihren beiden Töchtern befahl, sich anständig zu benehmen, und ein unverständlicher Fluch von jemandem hinter dem Ausschank, als plötzlich im hellen Eingang des Lokals zwei gleich große Burschen erschienen. Sie hatten weiße Sturzhelme auf dem Kopf und trugen Ledermäntel. Sie durchquerten das Lokal mit knarrenden Stulpstiefeln, einer von ihnen stützte sich mit beiden Ellbogen auf den Ausschank. Der andere, jüngere, dem der Sturzhelm, wie von einem Schlag herabgedrückt, die Stirn verdeckte, bestellte zwei Coca-Cola.

Sie schienen nichts von dem unerhörten Ereignis gemerkt zu haben, es sah danach aus, dass sie, die neue Jugend, die stromlinig blökenden uniformierten Seelen, nie etwas von den unterhäutigen Sogen und Strömungen bemerken würden, die das Leben im Patershol durchkreuzten. Der Wirt wandte sich ihnen zu, erleichtert über die Ablenkung, den Aufschub.

Und dieser Aufschub hat ihm, wie die Leute später erzählen sollten, wahrscheinlich das Leben gerettet. Denn inzwischen stand Wiel van't Vat aufrecht, bebend, ein rasendes Kind, in der Ecke des Lokals. Er hielt einen verlangsamten Augenblick mit sich selbst Rat, während die Gäste ihn erwartungsvoll anstarrten – sollte er der teuflischen Fleischmasse zu Leibe rücken oder nicht? Wiel van't Vat schritt durch die offene Tür hinaus. Stille. Fragen, die nicht an die Oberfläche drangen. »Mein Gott!«, rief der jüngere Sturzhelmbursche aus. Blitzschnell rannte er zur Tür, zur dämmrigen Türöffnung und hinaus, wo das Knattern eines Motors die Straße erfüllte.

Was wir befürchtet hatten, ohne unserer Furcht Form oder Gestalt geben zu können, war eingetreten. Das halbe Lokal, das sich auf die Straße zwängte und auf dem Bürgersteig gaffte – ich eingeklemmt zwischen dem Geruch ihrer Kleider und Haare und Körper, der salzig und bitter war –, sah, wie Wiel van't Vat auf dem Motorrad der beiden Burschen in unsicherer Fahrt in Richtung des Grafenschlosses davonflitzte. Es war ein Anblick aus einem gruseligen Albdruck. Ein Fahrer ohne sichtbaren Kopf, ein Marsmensch aus einem Stummfilm knatterte nach Westen.

»Ich habe ihm doch nichts getan«, rief der Wirt, hielt sich den gelöschten, pitschnassen Bauch und fuhr mit seinen Fingern darüber.

»Nein, bestimmt nicht«, sagte Wardje. Der andere Kartenspieler lief das Geländer der Leie entlang, um besser sehen zu können. Und was sahen wir alle? Dass ein Auto aus der anderen Richtung – dessen Fahrer vermutlich durch die Erscheinung vor seinen Augen, diesen auf Rädern kauernden Unmenschen, zu Tode erschrocken war – in weitem Bogen zur Häuserseite hin auswich, dass ein Lastwagen dahinter jäh bremste und dass kurz vor den gerillten Reifen des quietschenden Fahrzeugs das Motorrad, auf dem Wiel van't Vat wie eine Puppe saß, gleichfalls bremste, rutschte, zitterte und umfiel. Wir rannten hin, der jüngere Sturzbehelmte am schnellsten. Wir fanden Wiel van't Vat, der im Schneidersitz in einem Graben hockte. Unverletzt, unbetäubt, unberührt, unversehrt. Natürlich, denn hatte er nicht einen Buckel?

Während ein Briefträger, der sich Verkehrspolizist dünkte, etwas Platz in der verstopften Straße schaffte, denn aus allen Winkeln tauchten Genter auf, gaben ihren Kommentar und pferchten sich zusammen, half der Wirt mit zärtlichen Koseworten – »Aber Willichen, mein Kleiner, mein Busenfreund« – dem Kaiser des Patershol wieder auf die Beine. Er führte ihn unter allgemeinem Rumor, der Jubel, Staunen und Bewunderung enthielt, zu seinem Lokal zurück.

Die Burschen mit den Sturzhelmen hoben murrend ihre rot lackierte Maschine auf. Ich folgte dem triumphierend krakelenden Zug einige Schritte auf dem Bürgersteig und sah, wie Wiel van't Vat in Pracht und Ehren in die »Hölle« geschubst wurde. Es dunkelte mehr und mehr.

Das Mädchen, das seine Stimme gegen die böse Annahme des »Höllenwirtes« erhoben, das in der Spelunke der Kartenspieler so klar »Was für eine Frage!« gesagt hatte, schaute mich an. Sie zögerte, auch sie, nach diesem heftigen Auftritt zu ihrer Mutter und Schwester zurückzukehren. Sie hatte hohle Wangen und dunkle Ringe unter den Augen. Mit einer Stimme, die noch von hundert Jahren Kinderarbeit angetastet, noch vom

Staub der Webstühle heiser war, an denen ihre Großeltern ge-
hustet und geschuftet hatten, sagte sie leichthin:

»Ich wusste es.«

»Was denn?«, fragte ich.

»Dass er zurückkommen würde – zu uns.«

Ich ging an den Gemüsehallen und dem Fischmarkt vorbei, auf dem ein dickbäuchiger Steinmann seinen Dreizack
schwingt. Vorbei am trägen Wasser.

Für immer hatte ich die Sonne und die hohen Sänger des
Südens verlassen. Hier im Grau zwischen den gräulich ge-
schminkten Masken, hinter denen sich Kinder verbergen und
schreien, lebe ich nun, dachte ich, dies ist von nun an mein ge-
räumiges und gefährliches Haus.

# Der Fuchs von Handzame

*Rudolf Hagelstange*

Lange bevor ich nach Flandern reiste und einiges von seiner Landschaft und seinen Städten sah, hatte der Zauber des Namens seine Wirkung ausgeübt. Flandern – damit verband ich hohen Himmel über weiten Ebenen und unter diesem Himmel einen Menschenschlag, dem Freiheit gleichbedeutend war mit reiner Luft oder frischem Wasser; verband damit Tapferkeit und Lebensfreude, Humor und Poesie – alles in allem: ein Stück Erde, auf dem ein Abglanz des verlorenen Paradieses lag.

Es liegt auf der Hand, dass die Fantasie sich auf redliche Fürsprecher berufen konnte: auf die flämischen Primitiven, diese köstlichste, den Italienern am nächsten kommende Periode nördlicher Malerei; auf den Kampf der Niederlande gegen die Spanier; auf den schreibenden Pfarrherrn Felix Timmermans, der selbst das Jesuskind nach Flandern zitierte, und auf manches andere mehr. Selbst ohne diese Anlässe und Vorwände will der Name Flandern, wie so manche Namen von Städten und Ländern, mir poetisch, geheimnisreich, verheißungsvoll erscheinen – das Herz hat seine Gründe.

Als ich Flandern zum ersten Mal sah, sehr flüchtig, vom Fenster eines Militärzuges aus, war Krieg und Sommer; 1940. In Löwen hielt der Zug, und ich ging in entsprechender Eile durch einige Straßen der Stadt. Ich sah das weite Land, flach wie ein Handteller; aber es wuchsen Kornfelder auf dieser flachen Hand. Das Bild der Wirklichkeit schien dem der Fantasie kaum nachzustehen.

Als ich dann, neun oder zehn Jahre später, als ziviler Reisender nach Flandern kam, sah es doch ein wenig anders aus, wenn auch die herbstliche Zeit – es war Ende September – die Landschaft manchen Schmuckes beraubt hatte, ohne den gerade die einfachen Landschaften nicht liebevoll genug angeschaut werden. Die Weite sah ein wenig nach Öde aus; der hohe Mut ihrer Bewohner schien sich in einer sachlichen Herbheit zu erschöpfen; alle Farbigkeit hatte sich in die Bilder der alten Maler zurückgezogen. Ich sah das Wunder von Brügge, und da der Herbst noch einmal an diesem Tage warm aufleuchtete, war alles von Poesie durchtränkt. Von hofmannsthalscher Poesie, muss ich hinzufügen: kostbar, morbid, bezaubernd, elegisch Abschied nehmend. Brügge ist eine tote Stadt, ein kleines nördliches Venedig oder Murano, und man weiß ja, dass der Himmelsstrich (oder Breitengrad), unter dem man die Dinge sieht, ein kräftiges Wort mitspricht. Ich fuhr nach Gent und wanderte durch das alte Viertel der etwas geräuschvollen Stadt, stand vor dem berühmten Altar, speiste in einer alten Weinstube – da regte sich schon mächtig das erträumte Bild und suchte Fuß zu fassen auf der flämischen Erde. Aber – kann man eine Landschaft, eine Provinz schmecken, wenn man den Menschen nicht kennt, der sie belebt und beseelt …? Und so erinnere ich mich denn heute, wenn der Name Flandern fällt, sofort eines bestimmten Mannes, in dem ich – was freilich ein mehr oder weniger subjektiver Befund ist – flämisches Land und flämisches Wesen verkörpert sehe: des redefreudigen, aber schreibfaulen, trinkfesten, aber weichherzigen, grobknochigen, aber feinsinnigen Dr. de Voss.

Ich lernte ihn am Bücherstand der ersten lyrischen »Rencontres« von Knokke-Het Zoute (diese Zusammenkünfte, von belgischer Seite veranstaltet, finden jetzt alle zwei Jahre in Knokke-Het Zoute als Biennale der lyrischen Poeten statt) kennen, wo er mit kurzen, kräftigen Fingern in den Gedichtbänden der teilnehmenden Deutschen und Österreicher blätterte. Wir kamen ins Gespräch, und am Abend schon saß er mit uns bei einem Schoppen Beaujolais zusammen und entpuppte sich bei aller gedrungenen Leiblichkeit als höchst kundiger und kritischer Liebhaber der Literaturen.

Man muss schon den Plural gebrauchen, denn Herr de Voss hatte französische Literatur an der Sorbonne, deutsche in Greifswald und München, skandinavische in Stockholm, englische in Oxford und (wenn ich nicht irre) auch etwas Slawistik in Warschau studiert. Er hatte in litteris doktoriert, und wenn man ihn als »Amateur« anzusprechen überhaupt das Recht hat, so ausschließlich, weil er aus seinem Wissen keinen Nutzen, sondern nur privates Vergnügen zog. Selten ist mir ein professioneller Professor begegnet, der über ähnlich solide Kenntnis der Weltliteratur verfügte wie Mynheer de Voss, aber mancher, der ihm nicht gewachsen gewesen wäre. Doch wenn man ein wohlhabender Junggeselle ist, Hof und Haus besitzt und sonst noch einiges dazu, kann man sichs leisten, aus lauter Vergnügen zu studieren und zu lernen. Eben weil dieser de Voss – kein Adel, sondern »der Fuchs« – keine Zeit zu opfern brauchte, eigenes Wissen unter noch Unwissenden zu verbreiten, hatte er viel Zeit, es zu erweitern und zu vertiefen. Er war gewissermaßen der ideale Leser. So überraschte er den anwesenden Georg Britting zum Beispiel durch die Kenntnis des einzigen Romans, den dieser Autor je schrieb: den *Roman eines dicken Mannes, der Hamlet hieß*. Und als der ebenfalls anwesende Holthusen von gewissen Neuheiten bei Hemingway sprach, hatte Herr de Voss gleich zwei angelsächsische »Vorläufer« zur Hand, die den Originalitätswert des großen Stars in seinen Augen erheblich reduzierten. »So müssen Sie lesen, meine Herren«, sagte de Voss in seinem tiefen, etwas heiser klingenden Bass und legte die Zigarre ab. »So.« Er spreizte alle zehn kurzen Finger so weit wie möglich auseinander. »Viel durchfallen lassen!«

Dabei hatte er nicht das Geringste von einem Snob, einem Ästheten oder ambitiösen Besserwisser an sich; viel eher etwas von einem erfahrenen Viehhändler, der über eine Zuchtrasse von Stieren spricht, einem Weinkenner, der eine Liste burgundischer Roter oder deutscher Weißweine überprüft. Man sah ihm an, dass er gern aß und trank. Und so aß und trank er wohl auch die Literatur: gern oder gar nicht. Schaum und Attrappe lehnte er ab.

Als wir auseinandergingen, bedankte er sich für das gute Gespräch. »Wenn Sie Lust haben, meine Herren, können wir es fortsetzen in meinem Haus in Handzame. Sie sind herzlich eingeladen.« Aber jeder hatte Wichtigeres vor: in Brüssel, in München oder anderswo. Ich bedauerte es im Stillen, denn dieser de Voss schien mir eine kleine Reise wert. Er verriet Charakter und solide Lebensgewohnheiten. Ich schickte ihm irgendein Buch von mir als nachträglichen Dank. Es kam kein Gegensignal.

Als ich zwei Jahre später wieder nach Knokke fuhr, kam mir Herr de Voss in den Sinn, und ich war neugierig zu sehen, ob er auch diesmal auftauchen würde. Am ersten Rezitationsabend, den man allzu pathetischen Akteuren – Brüsseler Schauspielern – anvertraut hatte, sah ich ihn in einer der hinteren Reihen sitzen. Ich begrüßte ihn in der Pause und genoss seine sarkastischen Bemerkungen. Den Rest kosteten wir zusammen. Dann tranken wir eine gemeinsame Flasche.

Am nächsten Tag ging ich mit Dr. de Voss an den Büchertisch, der wieder im Casino von Knokke aufgebaut war, und drückte ihm zwei Bändchen von Wilhelm Lehmann in die Hand. »Herr de Voss«, sagte ich, »ich habe diesen Dichter selbst erst vor etwa einem Jahr für mich entdeckt. Ich hoffe, Sie entdecken ihn auch für sich. Aber vergessen Sie nicht: Man muss die Auster öffnen, ehe man sie genießen kann.«

Herr de Voss blinzelte mich an: »Vielleicht helfen Sie mir beim Öffnen? Kann ich Sie diesmal erwarten?«

Ich hatte so meine geheimen Pläne und tanzte einen Tag lang – den nächsten – auf dem Seil, das ich zwischen den Doctores de Voss und Lehmann heimlich zu spannen suchte. Am Morgen des übernächsten Tages saß ich mit Wilhelm Lehmann im Bummelzug nach Handzame, wohin de Voss vorausgeeilt war, uns, seine beiden Gäste, gebührlich in Empfang zu nehmen. Wir mussten noch ein- oder gar zweimal umsteigen; aber dann stand Herr de Voss am Bahnhof, wie ein Baumstumpf. Er sagte: »Willkommen, meine Herren!«, und geleitete uns in sein Haus.

Wir gingen die Hauptstraße entlang, die so langweilig war, wie eine dörfliche oder kleinstädtische Hauptstraße nur sein kann. Rote Backsteinhäuser rechts wie links, grobes Kopfsteinpflaster, und so ziemlich am Ende der Straße lag das Haus von Herrn de Voss, das uns die Kehrseite zudrehte. Wir traten ein.

Als wir die Koffer abgestellt und den Flur und einen Seitengang durchquert hatten, führte uns der Hausherr in den Hof, und wir sahen, dass die Kehrseite die Vorderseite war und dass sich ein großer parkähnlicher Garten an den gepflasterten Hof anschloss. In diesen Garten führte uns Herr de Voss. Es war ein alter, leicht verwilderter Garten mit Beerensträuchern, Stauden und Obstbäumen, regellos sprossenden oder welkenden Blumen, reich durchsetzt mit Unkraut; aber innerhalb der hohen, alten Baumriesen, die den Garten gleichsam absteckten, nahm sich die welkende Wildnis sehr reizvoll, gewissermaßen junggesellig unkonventionell aus. Ich pflückte mir ein paar der beschlagenen Pflaumen aus dem Laub, Herr de Voss band eine abgelöste Baumstütze wieder fest, und Wilhelm Lehmann widmete seine ganze Aufmerksamkeit den Blumen.

Plötzlich rief er aus: »Er hat die blaue Nemesia!« – »Ja, das ist sie«, bestätigte ihn unser Flame, und dann betrachteten drei Augenpaare entzückt oder wenigstens neugierig die blaue Nemesia, und die nahm sich ausgesprochen flandrisch aus in ihrem lichten, beinahe transparenten Blau. Wilhelm Lehmann versicherte uns, dass sie selten sei, und Herr de Voss schmälerte sein Ansehen nicht durch Unwissenheit; er nickte gewichtig mit dem Kopf. Von diesem Augenblick an, so wollte mir scheinen, waren die beiden Herren d'accord. Herr de Voss hatte noch einiges mehr an Blumen. Aber die schönsten hatte er (für mein Gefühl) in seinem Keller.

Inzwischen war der Tisch gedeckt, und eine flämische Mahlzeit erwartete uns, flämisch sowohl in der Qualität wie in den Ausmaßen. Und wer die milchwangige, rundliche, sanfte, hinter goldgeränderten Brillengläsern unendlich gefällig dreinschauende Haushälterin sah, erwartete es auch nicht anders. Zum Mahle aber gab es herrlichen alten Burgunder und hernach – wie Wilhelm Lehmann versicherte – erlesenste Zigarren.

An diesem und am nächsten Abend wurde viel gegessen und nicht weniger getrunken. Aber das Denkwürdigste an Dr. de Voss blieb am Ende doch sein kaum stillbarer Hunger nach dem dichterischen Wort und sein Bedürfnis, uns an der Stillung dieses Hungers teilhaben zu lassen beziehungsweise sich unserer Hilfe dabei zu versichern. Man hätte mit einigem Recht sagen können, wir seien eine Literatenrunde gewesen. Aber bis auf die kurzen Proben unumgänglicher Selbstdarstellung, die Herr de Voss uns abverlangte, waren wir Leser, Hörer, Liebhaber, Lernende.

Natürlich fing es mit deutschen Gedichten an, die Herr de Voss erwähnte oder rezitierte und über die man sprach. Aber nachdem man sich gewissermaßen über diesen Bereich geeinigt hatte, kam man auf Sprachen und Sprache überhaupt zu sprechen und damit aufs Englische, aufs Französische, Flämische, auf Afrikaans – und weil man von Sprache ja nicht ohne Beispiele sprechen kann, sprach man wieder von Gedichten: englischen, französischen, flämischen, afrikaanschen (womit die Burensprache gemeint ist). Genau genommen: Sie wurden gesprochen, vor allem von Herrn de Voss.

Das erste Gedicht, das er sprach, wird mir unvergessen bleiben durch die Art, wie er es sprach: aus dem Bauch der Erde heraus, von der Wurzel des Sprechens her: *I am the grass ...* jenes sandburgsche Gedicht, in dem das wachsende Gras von seiner alles überwindenden Kraft spricht. Und nachdem er sich – über Sandburg, Frost, Shakespeare, Keats, Shelley und andere Angelsachsen – in den äußersten Wärmegrad gesteigert hatte, kam er zu seiner Muttersprache und las uns flämische Verse. Und nach dem Unterschied zwischen Flämisch und Afrikaans befragt, ließ er Lektionen und Rezitationen holländischer und burischer Gedichte folgen – wir saßen, tranken, rauchten und lauschten. Dr. de Voss, der nie Lehrende und immer nur Hinzulernende, hatte seine große Stunde: Er lehrte vor dem großen und kleinen Schriftgelehrten wie ein Prophet. Und wenn ich ihn dafür loben muss, so darf ich auch uns mit einem Eigenlob bedenken: Wir haben ihm sein Wissen und Lehren abverlangt. Seine Stimme flüsterte, dröhnte, flehte, sang Lob, klagte und liebte – der knorrige, trummhafte, untersetzte Mann loderte wie eine Zeder vom Libanon im Sturm seiner Begeisterung. Und weil mit jeder neuen Sprache, in deren Besitz der Mensch sich setzt, die Welt sich um eine neue Dimension erweitert, hob sich über unseren Häuptern das rote Ziegeldach und gab den flandrischen Himmel frei, und wir ritten, burgundertrunken, auf dem Großen Bären hinüber nach Afrika, und Herr de Voss sang mit urigem Bass ein paar alte Burenlieder, dass die Wände wackelten und wichen und das Kaminfeuer flackerte, als wäre es ein Lagerfeuer und als brüllte der König der Wüste – und dabei sang doch nur ein flandrischer Löwe: Herr de Voss aus Handzame.

Am anderen Morgen ließ er ein Auto kommen und fuhr mit uns aufs Land hinaus. Es war ein winddurchwehter, wolkenüberflogener, sonnenerhellter Septembertag, der die Bäume bog, das Laub raufte und die Wäsche auf den Leinen bauschte. Die Häuser und Gehöfte, die wir sahen, blieben einfach, schmucklos, ohne Reiz. Aber das weite Land öffnete sich und atmete eine große Freiheit.

Herr de Voss war guter Dinge, denn er sah, dass wir seine flämische Erde lieb gewannen. Er nahm einen Imbiss mit uns unter freiem Himmel, und dann fuhr er uns nach Roggevelde, und wir standen vor dem kollwitzschen Elternpaar – der gebeugten Mutter, dem versteinten Vater –, hinter denen die unaufhörliche Kreuzigung der Menschheit lautlos zum Himmel schreit.

Ich kannte, von Aufnahmen her, dieses »Kriegerdenkmal« und kannte seine Schöpferin. In viele der Frauengesichter, die Käthe Kollwitz zeichnete oder bildete, haben sich ihre eigenen Züge eingegraben – ob bewusst oder unbewusst, soll dahingestellt bleiben. An diesem in seiner Art einzigartigen Mal ist das selbstdarstellerische Element von letztmöglicher Legitimität: Hier trauert die Mutter Kollwitz um ihren eigenen im Ersten Weltkrieg gefallenen Sohn Peter, dessen Gebeine unter einem der vielen Tausende von Holzkreuzen begraben liegen. Selten wird ein persönlicher Schmerz so als allgemeiner, selten der menschheitliche so als menschlicher, persönlicher Schmerz miterlitten wie an diesem Ort.

Wir umschritten die beiden steinernen Gestalten, die, jede für sich und in den eigenen Schmerz versunken, auf dem Sockel knieten, an dem karges, stacheliges Pflanzengrün emporrankte. Und dann standen wir unter dem flandrischen Herbsthimmel, über den die Wolken dahinfuhren, und ließen den Blick über das nicht enden wollende Marterfeld gehen. Etwas Statistisch-Mathematisches ging von ihm aus; man schien ein Koordinatensystem wortlosen, scheinbar schmerzlosen Leidens vor sich zu haben. Aber je länger das Auge über diese Myriaden von schmucklosen Kreuzen schweifte, umso mehr krampfte sich das Herz zusammen, und die mathematische Nüchternheit dieses Roggevelder Soldatenfriedhofs wurde unversehens zu äußerster Anklage: zum stummen Vorwurf der vorzeitig gebrochenen Frucht, der sinnlos gemordeten Jugend. An keiner Stelle dieser Erde fühlte ich die untilgbare Schuld des Krieg führenden Menschen mehr als hier.

Herr de Voss fuhr mit uns zu zwei weiteren Soldatenfriedhöfen, deren Namen mir entfallen sind. Sie waren beide geringer an Ausmaßen, und der eine – mitten im Wald gelegen – kleidete den Soldatentod in ein beinahe romantisches, beschauliches Gewand. Vielleicht auch beraubte die Wiederholung die stumme Anklage ihrer unmittelbaren Gewalt. Ist es nicht die gewissenlose Multiplikation des Todes, welche die Anomalität des Krieges als trügerische Norm erscheinen lässt?

Schweigend fuhren wir heim.

Später bat ich Herrn de Voss, noch einmal *I am the grass …* zu sprechen, und er tat es. Aber wir fühlten wohl alle drei, dass es wahr und falsch zugleich ist, das Wort vom Gras, das alles überwächst. Es gibt Dinge auf dieser Welt, über die kein Gras wächst, keines wachsen darf.

Als wir am Morgen des darauffolgenden Tages über Brüssel nach Deutschland aufbrachen, war der Himmel bedeckt. Herr de Voss geleitete uns wieder die langweilige, farblose Hauptstraße entlang zum kleinen Bahnhof und sagte mit seiner freundlich grollenden, rauen Stimme: »Auf Wiedersehn!«und »Gute Reise!«

Wir schickten ihm jeder einen Buchgruß und einen Dankesbrief. Aber als wir uns, nach etwa Jahresfrist, wieder begegneten und von den unvergessenen Stunden und Tagen von Handzame sprachen, sagte Wilhelm Lehmann bedauernd: »Er hat uns wohl vergessen. Ich habe ihm geschrieben und eines meiner Gedichtbücher geschickt. Er hat nicht geantwortet.«

Aber ich weiß es längst. Er schreibt nie und wird nie schreiben. Er ist kein Schreiber. Er ist ein typischer Leser. Möglicherweise der beste, den man sich wünschen kann.

# Nachwort

Man stelle sich ein Land vor, in dem drei Sprachen und drei Kulturen aufeinandertreffen. Ein Land, in dem alle Parteien, Universitäten, Verbände und Institutionen entlang der Sprachen ausgerichtet und daher mindestens doppelt vertreten sind, damit sich ja keine der beiden großen Sprachgemeinschaften auf die Füße getreten fühlt. Ein Land, das im Februar 2011 bereits geschlagene 245 Tage ohne Regierung hinter sich hatte und damit sogar den bisherigen Weltrekordhalter Irak in den Schatten stellte, ohne dass sich dieser betrübliche Umstand im Alltag irgendwie bemerkbar macht. Ein Land, in dem man zur besten Sendezeit im staatlichen Sender RTFB eine vermeintliche Dokumentation über den Zerfall des Landes senden kann und nahezu alle Zuschauer darauf hereinfallen. (So geschehen im Dezember 2006: Nach der Ausstrahlung der Sendung »Bye Bye Belgium« waren sage und schreibe neunundachtzig Prozent der Zuschauer überzeugt, Belgien habe sich soeben aufgelöst, obwohl wiederholt der Hinweis »Dies ist eine Fiktion« eingeblendet worden war.) Ein Land, das dennoch all seinen Schwierigkeiten eher unaufgeregt begegnet, kollektiv über die Unkenrufe aus dem Ausland die Augen verdreht und sich letztlich irgendwie doch noch auf eine gemeinsame Kultur verständigt.

So ist Belgien. Ein Land, in dem unbekümmert um Sprachengrenzen gemeinsam gegessen wird, in dem die frankofonen, backsteingroßen Gauffre-Waffeln neben den flämischen Speculoos-Keksen liegen, in dem man mit Standesdünkel und Kalorienzählerei nicht weit kommt. Ein Land, in dem jede Form von Obrigkeit mit Misstrauen beäugt wird, wie Marion Schmitz-Reiners beschreibt, egal, wie gut sie ihre Aufgabe erledigt. Belgien ist eine echte Schokoladen-Demokratie – und das ist kein bisschen abfällig gemeint. Oder vielleicht doch eher eine Fritten-Republik? Woher die Nationalspeise kommt und was hinter der Typologie der Frittenbude steckt, zeigt der Kunsthistoriker Paul Ilegems, während sich Andreas Heller dem belgischen Bier widmet, das in Deutschland immer ein wenig misstrauisch beäugt wird.

Schade wäre es freilich, Belgien auf das Sinnliche zu reduzieren. Die Autoren dieses Bandes zeigen daher auch andere Aspekte auf. Freddy Derwahl beispielsweise beleuchtet die Rolle und Schwierigkeiten der kleinen deutschsprachigen Gemeinschaft, die neben dem großen Sprachenstreit der Wallonen und Flamen fast ein wenig vergessen wird – oder das schwierige, von Kriegen überschattete belgisch-deutsche Verhältnis insgesamt, wie es Rudolf Hagelstange bei seinem Besuch eines Soldatenfriedhofs andeutet.

Hin und wieder scheint Belgien geradezu nach dem Wunschkatalog des internationalen Tourismus entworfen: In Brügge zum Beispiel, vorgestellt von Brigitte Doppagne. Wenige Kilometer weiter zeigt es sich schwarz und dreckig mit den Kohlenabraumhalden, die überall im Land zu finden sind und im Text über die Terrils im Zentrum stehen. Und manchmal scheint das kleine Nachbarland fast wie ein historisches Relikt: Im jüdischen Viertel von Antwerpen zum Beispiel, in das Ernst Kobbert den Leser entführt – eine Lebenswelt, die vor dem Zweiten Weltkrieg in vielen Städten Europas zu Hause war.

Mit Georges Simenon geht die Reise ins Lüttich der Zwanzigerjahre, wo der spätere Autor der Maigret-Romane seine Kindheit verbrachte. Auch Jacques Brel, wie ihn Rob Kieffer beschreibt, hat Belgien stark geprägt, nicht zuletzt, weil er bei beiden Sprachgemeinschaften gleichermaßen die melancholische Seite ansprach – was allerding die flämische Gemeinschaft nicht davon abhielt, ihm seine vorwiegend französischen Lieder insgeheim immer ein wenig übel zu nehmen.

Derartige Probleme kannte der Antwerpener Maler Peter Paul Rubens nicht: Seine Bilder zeigen bereits Ende des 16. Jahrhunderts (also lange vor der politischen Existenz des Staates Belgien) eine Opulenz, wie sie für Belgien auch heute typisch ist. Ein weiterer Belgier, der Surrealist René Magritte, scheint damit auf den ersten Blick wenig zu tun zu haben und ist doch ganz ein Kind seines Landes: Wer sich in den belgischen Alltag begibt, wundert sich hier und da, mit welcher Gelassenheit das Skurrile hingenommen wird – sprachlich, politisch, sozial.

Passend dazu erklärt der Politiker Karl-Heinz Lambertz, welche seltsame, aber funktionierende politische Logik hinter dem belgischen System steckt, während Helmut Domke an bedeutende Belgier, wie den Gelehrten und Kartografen Mercator erinnert, dessen Projektionen zwar in jedem Atlas zu finden sind, den jedoch niemand mit seiner Heimat verbindet. Nicht zuletzt geht es um einen dunklen Fleck der belgischen Geschichte, die koloniale Vergangenheit im Kongo.

Eine bunt gewürfelte Mischung also ist dieser Band, ein Abbild eines Landes, das sich nicht auf eine simple Beschreibung reduzieren lässt. Vielleicht geben viele Belgienreisende gerade deshalb dem erklärten Wahl-Belgier Dietmar Sous recht: »Hier möchte ich für immer bleiben.«Trotz oder gerade wegen der offensichtlichen Brüche.

*Françoise Hauser*

# Worterklärungen

*Ambiorix* König des keltischen Stammes der Eburonen, unter dessen
Führung die Eburonen sich im Jahr 54 v. Chr. gegen die römische Be-
satzungsmacht auflehnten

*Barlandus, Adrianus* (auch: Adriaan van Baarland) (1486–1538) niederländischer Historiker

*Brabant* ehemalige Provinz im Zentrum Belgiens. Sie wurde 1995 entlang der Grenze zwischen dem niederländischen Sprachgebiet im
Norden sowie dem französischen Sprachgebiet im Süden in die Provinzen Flämisch-Brabant (Teil der Flämischen Region) und Wallo-
nisch-Brabant (Teil der Wallonischen Region) geteilt

*Beginen* weibliche Angehörige einer Gemeinschaft christlicher Laien,
die sich ab dem 13. Jahrhundert in ordensähnlichen Hausgemein-
schaften zusammenschlossen

*Breughel, Pieter* (auch: Bruegel) der Ältere (1525 / 1530–1569), Maler der
niederländischen Renaissance. Er ist vor allem für seine Darstellun-
gen des bäuerlichen Lebens im Herzogtum Brabant des 16. Jahrhunderts bekannt

*Büttenredner* Redner, der im westdeutschen Kulturraum zur Fast-
nachtszeit eine meist gereimte und von einem speziellen Rednerpult
(Bütt) aus verfasste Rede im lokalen Dialekt vorträgt

*chassidische Gemeinde* religiöse Bewegung des osteuropäischen Juden-
tums

*Clijsters, Kim* (geboren 1983) belgische Profi-Tennisspielerin

*Cortés, Hernan* (1485–1547) spanischer Konquistador, der mithilfe seiner indianischen Verbündeten das Aztekenreich und dessen Hauptstadt Tenochtitlán eroberte

*Dietrich vom Elsass* (1099–1168) Graf von Flandern

*Dyck, Anthonis van* (1599–1641) flämischer Maler und Grafiker des flämischen Barocks; Meisterschüler von Peter Paul Rubens

*Eyck, Jan van* (ca. 1390–1441) flämischer Maler des Spätmittelalters. Er
gilt als der berühmteste Vertreter der altniederländischen Malerei

*Faro* Biersorte

*Flame* Einwohner Flanderns

*Flämisch* Sprachformen, welche in der Region Flandern und teilweise
in Brüssel gesprochen werden. Dazu zählen das belgische Standard-
Niederländisch, eine als Zwischensprache bezeichnete Übergangs-

form zwischen Standard-Niederländisch und den Dialekten sowie
regionale Umgangssprachen und Ortsdialekte

*Flandern* (auch: Flämische Region) eine der drei Regionen Belgiens im
nördlichen Teil des Landes

*Fuder* Wagenladung, Fuhre, Hohlmaß für Wein

*Fürst Gambrinus* angeblicher Erfinder des Biers und Schutzpatron
desselben. Er soll König von Flandern und Brabant gewesen sein,
seine Identität ist allerdings nicht eindeutig geklärt

*Henin-Hardenne, Justine* (geboren 1982) belgische Profi-Tennisspielerin

*Herzog Albert* (auch: Albrecht der Fromme) Albrecht VII. von Österreich (1559–1621); Regent der Spanischen Niederlande und Erzher-
zog, verheiratet mit Isabel Clara Eugenia von Österreich (1566–1633),
spanische Infantin und Statthalterin der Spanischen Niederlande.
Er gilt als wichtiger Mäzen der niederländischen Kunst seiner Zeit

*Hogenberg, Frans* (1535–1590) Kupferstecher und Radierer

*Gracht* flämisch: Kanal, Graben

*Graf Egmont* (Lamoral von Egmond, 1522–1568) u. a. Statthalter von
Flandern und Artois, widersetzte sich anfangs der streng katholi-
schen Politik Philipps II., weshalb dieser ihm trotz seines späteren
Sinneswandels zürnte. Er ließ ihn als Hochverräter zum Tod verur-
teilen und in Brüssel enthaupten. Die Hinrichtung (1568) markiert
den Beginn des Achtzigjährigen Krieges, in dem die Niederländer
sich von der spanischen Herrschaft befreiten

*Graf Hoorn* (Philippe de Montmorency, 1518/26–1568) niederländischer Admiral und Freiheitskämpfer. 1562 verbündete er sich mit
Graf Egmont und Wilhelm I. zur Opposition gegen die spanische
Willkürherrschaft in den Niederlanden. 1568 wurde er zusammen
mit Graf Egmont verhaftet und enthauptet

*Gueuze* (auch: Geuze) weiterverarbeitete Variante des Lambic

*Klomp* niederländischer Holzschuh

*Kogge* Segelschiffstyp der Hanse

*Kriek* weiterverarbeitete Variante des Lambic

*Krinoline* Reifrock

*Manneken Pis* im Jahre 1619 vom Bildhauer Hieronimus Duquesnoy
aus Bronze geschaffene Brunnenfigur eines urinierenden Knaben
in Brüssel

*Mercator-Projektion* in der Kartografie verwendete Zylinderprojektion, bei der die Projektion in Richtung der Zylinderachse verzerrt ist, um eine winkeltreue Abbildung der Erdoberfläche zu erreichen

*Lambic* belgische Bierspezialität, die durch Spontangärung entsteht, das heißt ohne Zusatz von Hefe. Diese wird durch eine offene Lagerung des Sudes aus der Umgebungsluft »eingefangen«

*pavé* Pflasterstein

*Pajottenland* Teil der flämischen Provinz Brabant

*Philipp der Gute* (Philipp III., 1396–1467) Herzog von Burgund, Graf von Flandern, Artois und Pfalzgraf von Burgund

*plein* flämisch: Platz

*ploucs* Bauern

*Scheldeblockade* nach der Eroberung Antwerpens durch die Spanier 1585 von der Utrechter Union verhängte Sperre der Scheldemündung, die den Niedergang Antwerpens zur Folge hatte. Sie wurde erst 1792 von den Franzosen aufgehoben, 1830 nach der Unabhängigkeitserklärung Belgiens von den Niederländern wieder erneuert. Dank mehreren Verträgen zwischen 1850 und 1963 wurde die belgische Schifffahrt im Mündungsgebiet sowie auf den von der Schelde zu niederländischen Gewässern abzweigenden Kanälen wieder zugelassen

*Schlacht bei Kortrijk* (auch: Goldene-Sporen-Schlacht, Sporenschlacht von Kortrijk oder Schlacht von Courtrai) im Jahr 1302 entbrannter Vorkonflikt des Hundertjährigen Krieges zwischen England und Frankreich, in dem die Flamen gegen Frankreichs Machtanspruch kämpften

*Schlafkrankheit* (afrikanische Trypanosomiasis) von der Tsetsefliege übertragene Tropenkrankheit. Im Endstadium kommt es zu einem Dämmerzustand, der der Krankheit ihren Namen gegeben hat

*Sinnasjus* Orangensaft (Kurzform von Sinaasappeljus)

*Spui* Verriegelungshaus auf dem Fluss Binnennete in der Stadt Lier

*Timmermans, Felix* (1886–1947) flämischer Schriftsteller und Maler. Sein berühmtestes Werk ist *Pallieter,* eine Schilderung des Lebens eines jungen Mannes und zugleich ein Porträt der flämischen Landschaft und ihrer Bewohner

*Toren* flämisch: Turm

*Treckschute* kleines Holzboot für Binnengewässer, das vom Ufer aus gezogen wurde. Die Boote wurden zunächst in den Niederlanden gebaut und eingesetzt und fanden später weite Verbreitung

*Velde, Henry van de* (1863–1957) belgischer Architekt und Designer

*Verhaeren, Emile* (1855–1916) belgischer Dichter, der in französischer Sprache schrieb

*Wallone* Bewohner der Wallonie

*Wallonie* (auch: Wallonische Region oder Wallonien) eine der drei Regionen Belgiens mit überwiegend französischsprachiger Bevölkerung. Im äußersten Osten wird Deutsch gesprochen

*Wilhelm von Oranien* (Wilhelm I., eigentlich: Wilhelm von Nassau-Dillenburg, 1533–1584) Fürst von Oranien, Führer im niederländischen Unabhängigkeitskrieg gegen Spanien (1568–1648)

# Autorinnen und Autoren

Mit * gekennzeichnete Titel wurden für diese Anthologie vom Verlag neu gesetzt.

### Andrea Böhm
geboren 1961, ist seit fünf Jahren Redakteurin der *Zeit*. Die Afrika-Kennerin studierte Politologie in Berlin und in den USA und war dort als freie Journalistin tätig. Sie schrieb für die *taz, Die Zeit, Geo* und andere Publikationen. 2004 erhielt sie für ihre journalistische Tätigkeit den Theodor-Wolff-Preis, den Journalistenpreis deutscher Zeitungen.
»Lumumbas letzte Tage«, aus: *Zeit online*, 13.01.2011. © Andrea Böhm 2011.

### Hugo Claus
Der flämische Autor und Filmregisseur (1929–2008) gehört zu den prominentesten Autoren Belgiens und wurde 1992 für den Literaturnobelpreis nominiert. Zu seinen bekanntesten Werken – er hinterließ mehr als hundert literarische Werke, für die er vielfach ausgezeichnet wurde – gehört der Roman *Kummer von Belgien*.
»Rückkehr nach Belgien«* (»Intermezzo in der ›Hölle‹«), aus: *Merian Flandern,* Jg. 13, H. 12 (1960). © Erben nach Hugo Claus 2008. Aus dem Flämischen von Johannes Piron.

### Freddy Derwahl
geboren 1946 in Eupen, studierte Soziologie in Louvain und Germanistik in Aachen. Später war Derwahl als Journalist und Autor tätig und Mitglied des belgischen PEN-Clubs.
»Eupener Verwicklungen«* (»Der Rat«), aus: Alfred Strasser (Hg.), *Mit leichtem Gepäck. Eine Anthologie ostbelgischer Gegenwartsliteratur.* © Edition Krautgarten, St. Vith 2007.

### Helmut Domke
geboren 1914 in Recklinghausen. Neben zahlreichen Erzählungen und literarischen Reisebüchern schrieb der Autor Essays und Lyrik zu europäischen Themen. Er starb im Jahr 1986 in Tegernsee.
»Flamen – drei Lebensbilder«* (»Vier Porträts am Rande Flanderns«), aus: *Flandern. Das burgundische Erbe,* Prestel Verlag, München 1964. © Helmut Domke 1964.

*Brigitte Doppagne*
geboren 1961, studierte Germanistik, Japanologie, Ethnologie und Anglistik in Köln und Paris. Nach längeren Aufenthalten in Mexiko, England, Frankreich und Belgien lebt sie seit 1990 als freie Schriftstellerin in Köln. Sie erhielt zahlreiche Preise und Literaturstipendien.
»Kanäle, Kunst und Kaufleute in Brügge«* (»Kanäle, Kunst und Kaufleute – Über Brügge«), aus: *Von Brügge nach Gent. Eine Reise durch Flandern.* © Schöffling & Co., Frankfurt a. M. 2003.
»Le chocolat – Schwarzes Glück«* (»Oh là, là, chocolat! Kleine Geschichte der belgischen Schokolade«), aus: *Von Brügge nach Gent. Eine Reise durch Flandern.* © Schöffling & Co., Frankfurt a. M. 2003.

*Rudolf Hagelstange*
geboren 1912, studierte Philosophie in Berlin. Nach dem Zweiten Weltkrieg veröffentlichte er seinen ersten großen Gedichtband. Er war als Herausgeber, Lyriker, Romancier und Essayist tätig. Daneben vertrat er auf vielen Auslandsreisen die deutsche Nachkriegsliteratur. Hagelstange starb 1984 in Hanau.
»Der Fuchs von Handzame«, aus: *Merian Flandern,* Jg. 13, H. 12 (1960). © Erben nach Rudolf Hagelstange 1984.

*Françoise Hauser*
geboren 1967, verbrachte ein Schuljahr in Liège/Belgien und studierte in Erlangen, Tainan/Taiwan und Nanjing/VR China Sinologie, Geografie und Angewandte Sprachwissenschaften. Heute arbeitet sie als Journalistin und Buchautorin.
»Wo die Erde brennt«* (»Belgiens schwarze Berge«), aus: *Die Welt,* 18.10.2008 © Françoise Hauser 2008.

*Andreas Heller*
geboren 1957 in Thal, studierte in Bern und Berlin Germanistik, Geschichte und Journalistik. Parallel dazu arbeitete er als Nachrichtenredakteur beim *Thuner Tagblatt,* seit 1984 auch als freier Mitarbeiter der *Weltwoche.* Ab 1986 war er fester Redakteur bei der *Weltwoche* in Zürich und wechselte 1991 zur *Neuen Zürcher Zeitung.*
»Heimat ist etwas Fließendes«* (»Heimat ist etwas Fließendes – Exkursionen im Bierland Belgien«), aus: *NZZ Folio,* 08/94. © Andreas Heller 1994.

### Paul Ilegems

Der Kunsthistoriker mit Jahrgang 1946 studierte Kunstgeschichte an der Universität Gent und war danach in verschiedenen Museen sowie als Dozent an der Königlichen Akademie für schöne Künste in Antwerpen tätig. 1981 gründete er das Antwerpener Frittenbudenmuseum direkt über der legendären Pommesbude Max, wo er seither dem Publikum die Frittenkultur nahebringt. Er ist Autor verschiedener Bücher über Fritten.

»Das heimliche Wahrzeichen: Die Frittenbude«* (»De uitvinding van de friet«; »De frietkottypes«), aus: *Het volkomen frietboek. Een Belgische cultuurgeschiedenis.* © Nijgh & Van Ditmar, Amsterdam / Antwerpen 2002. Aus dem Flämischen von Gerd Busse. Deutsche Erstveröffentlichung.

### Rob Kieffer

Der Luxemburger mit Jahrgang 1957 ist als freier Journalist, Fotograf und Autor unter anderem für die *FAZ, Die Zeit* und andere Publikationen tätig. Zudem leitet er als Chefredakteur den luxemburgischen Verlag Editions Guy Binsfeld.

»Jacques Brel – Wenn nur die Liebe bleibt«* (»Wenn nur die Liebe bleibt«), aus: *Zeit online,* 08/2003. © Rob Kieffer 2003.

### Ernst Kobbert

Der Journalist und Buchautor, geboren 1911, berichtete als Korrespondent für die *FAZ* über zwanzig Jahre aus Brüssel. Dort erlebte er die Anfänge der EU und lieferte lange Jahre Kommentare zur Europapolitik. Ernst Kobbert starb 1999.

»Rubens und Magritte – Zwei Bilder aus dem Leben«* (»Peter Paul Rubens – wie lebt man von der Malerei?«; »René Magritte – Gedanken hinter den Bildern«), aus: *26mal Belgien, 1mal Luxemburg.* © Piper Verlag, München 1983.

»Das jüdische Belgien«* (»Antwerpen – Tel Aviv und New York sind nicht fern«), aus: *26mal Belgien, 1mal Luxemburg.* © Piper Verlag, München 1983.

### Karl-Heinz Lambertz

Der Eupener Politiker, geboren 1952 in Schoppen, ist Mitglied der Sozialistischen Partei Belgiens und hat seit 1999 das Amt des Ministerpräsidenten der deutschsprachigen Gemeinschaft Belgiens inne. Dazu ist er

als Plenarpräsident des Ausschusses für Kultur und Bildung im Kongress der Gemeinden und Regionen des Europarates sowie seit 2010 auch als Präsident der Arbeitsgemeinschaft europäischer Grenzregionen tätig.
»Wie Belgien funktioniert«* (»Einführung in das belgische Bundesstaatsmodell«), aus: Anne Begenat-Neuschäfer (Hg.), *Belgien im Blick. Interkulturelle Bestandsaufnahmen.* © Peter Lang Verlag, Frankfurt a. M. 2007.

### Patrick Marnham

Der britische Autor und Mitglied der Royal Society of Literature lebt in Oxfordshire sowie in Frankreich und ist vor allem für die von ihm verfassten Biografien bekannt. Als Journalist schreibt er für *Private Eye*, *The Independent* und *The Spectator*. Für die Biografie Georges Simenons erhielt er den Marsh Biography Award.
»Simenon – Eine Kindheit in Lüttich«*, aus: *Der Mann, der nicht Maigret war. Das Leben des Georges Simenon.* © Albrecht Knaus Verlag (Verlagsgruppe Random House), München 1995. Aus dem Englischen von Helmut Kossodo.

### Marion Schmitz-Reiners

Die deutsche Journalistin studierte Politologie und Soziologie in Münster und Bonn und war nach dem Studium als Redakteurin der Frauenzeitschrift *Brigitte* tätig. Seit 1983 lebt sie in Belgien, wo sie 1995–2005 Chefredakteurin der deutschsprachigen Monatszeitschrift *Belgien-Magazin* war und seither ihren belgischen Alltag in diversen Büchern und Artikeln, vor allem für das ostbelgische *Grenz-Echo,* verarbeitet.
»Ein Turm zu Babel«* (»Gullivers Reisen«; »Der Turm zu Babel«), aus: *Der Fremde in meinem Bett.* © Grenz-Echo Verlag, Eupen 1994.
»Die Obrigkeit, der natürliche Feind«, aus: *Belgien für Deutsche. Einblicke in ein unauffälliges Land.* © Ch. Links Verlag, Berlin 2006.

### Dietmar Sous

1954 im Rheinland geboren, lebt Sous als Schriftsteller und Kritiker in Hergenrath, Belgien. Bisher sind von ihm acht Bücher erschienen, für die er mehrfach ausgezeichnet wurde. 1985 erhielt Sous den Förderpreis der Stadt Aachen, außerdem wurde er vom Deutschen Literaturfonds gefördert und erhielt ein Literaturstipendium des Landes Nordrhein-Westfalen. Sous schreibt zudem für die Wochenzeitung *Freitag* und das *Sonntagsmagazin* des Westdeutschen Rundfunks.

## Die Herausgeberin

Françoise Hauser, geboren 1967, verbrachte ein Schuljahr in Liège/Belgien und studierte in Erlangen, Tainan/Taiwan und Nanjing/VR China Sinologie, Geografie und Angewandte Sprachwissenschaften. Heute arbeitet sie als Journalistin und Buchautorin.

# Bildnachweis

Foto Umschlaginnenseite: Wekwek